U0933315

中国领导力提升系列 | 主编 胡月星

领导执行

郑传贵◎著

中国出版集团 研究出版社

图书在版编目（CIP）数据

领导执行 / 郑传贵著 . -- 北京 : 研究出版社，
2017.1

ISBN 978-7-5199-0016-8

Ⅰ. ①领… Ⅱ. ①郑… Ⅲ. ①领导学—研究
Ⅳ. ① C933

中国版本图书馆 CIP 数据核字（2016）第 311115 号

领导执行

作　　者 郑传贵　著
责任编辑 陈侠仁
出版发行 研究出版社
地　　址 北京市东城区沙滩北街 2 号中研楼
邮政编码 100009
电　　话 010-64257481（总编室）010-64267325（发行部）
网　　址 www.yanjiuchubanshe.com
电子信箱 yjcbsfxb@126.com
印　　刷 三河市金泰源印务有限公司
开　　本 710 毫米 ×1000 毫米　1/16
印　　张 15.5
版　　次 2017 年 1 月第 1 版　2017 年 1 月第 1 次印刷
书　　号 ISBN 978-7-5199-0016-8
定　　价 39.80 元

《中国领导力提升系列丛书》编委会

参与研究单位

国家行政学院

中国人事科学研究院

中组部浦东干部学院

国家税务总局党校

北京市行政学院

上海市行政学院

黑龙江省行政学院

吉林省行政学院

广西壮族自治区行政学院

辽宁师范大学

宁夏回族自治区行政学院

支持协助单位

国家行政学院中国领导科学研究中心

中国人才研究会领导人才专业委员会

西安思源学院新发展理念与领导力研究中心

提升领导力是聚焦点（代总序）

胡月星

领导科学研究告诉我们，组织发展与领导力提升并不是同步的。组织规模增大，并不意味着领导力随之提升。组织规模小，并不代表没有强大领导力。有的组织诞生时规模很小，但能够逐渐壮大，关键就在于其具有强大领导力。我们党诞生之初人数寥寥，但犹如喷薄而出的朝阳，光照四方。成功的秘诀在哪里？就在于我们党拥有强大的领导力，正是这一核心力量使我们党焕发出旺盛的生命力。今天，我们党是拥有436万多个基层党组织、8779万多名党员的大党，但规模越大并不意味着领导力就越强。加强和改善党的领导，必须把提升领导力作为聚焦点。

那么，领导力究竟是什么？以往人们通常把领导力等同于权力，认为有权力就有领导力。这种观点至今还停留在一些人的头脑中，限制了人们探索提升领导力的视野。领导力与权力确实有密切关系，但绝不是对等关系，有权力未必就有领导力，否则就难以解释个别领导“有权无威”甚至“众叛亲离”的现象。权力仅仅是领导力的一种重要资源，而不是领导力的全部。在领导科学研究中，领导力存在于精神信仰、思想观念、规章制度等方方面面，既包括组织领导力，也包括个体领导力。组织领导力是由个体领导力积极作用而成的合力，这就像百川终归大海一样。组织领导力与个体领导力相辅相成、高度融合，共同提升政党的领导力。我们讨论加强和改善党的领导，当然需要从组织领导力角度去分析，但领导科学研究表明，重视个体领导力对于加强和改善党的领导同样至关重要。因为组织领导力最终要具体落实到领导干部行为中，如果各级领导干部缺乏领导力所必需的知识、能力、品质以及积极行为表现等，组织领导力就会失去来源，组织就会变得软弱无力。可以说，领导干部的领导力直接决定着党的领导力。一个政党领导力的缺失，很大程度上是因为领导干部领导力的缺失。当前，从提升领导力入手加强和改善党的领导，需要把组织领导力与个体领导力紧密结合起来，从“领”入手，由“导”贯通，实现“心”与“力”的积极融合。

用信仰目标实现“领”。信仰就是希望，目标就是方向。没有信仰目标的政党是没有希望的，没有信仰目标的领导干部是难堪大任的。成立90多年来，我们党的领导之所以坚强有力，就是因为我们党有信仰、有目标，让广大党员有使命感，让人民群众有方向感。一个政党如果不能让自己的党员有使命感就无异于乌合之众，如果无法让群众有方向感就会失去号召力和凝聚力。新形势下，加强和改善党的领导，尤其需要把党的领导与党所坚守的崇高信仰、党所追求的远大目标紧密结合起来。要让广大党员和人民群众明白我们党究竟从哪里来、往哪里去，信仰什么、追求什么，党对人民群众来说有着什么样的功能和价值。把这些问题讲清楚，人民群众就会拥护党、追随党。

用科学理念实现“导”。信仰的追求、目标的实现都要有科学的理念。一个政党所坚持的科学理念凝聚着政党的智慧，能够引领人民群众的行动。从这个意义上说，理念科学，领导力就强。我们党一直强调用科学理念实现党的领导。习近平同志在党的十八届五中全会上提出的创新、协调、绿色、开放、共享新发展理念，凝聚着全党的智慧，是统一全党思想和行动的指挥棒。领导干部能不能深入贯彻新发展理念，坚决纠正那些与新发展理念不相适应甚至背道而驰的错误观念与行为，直接关系我们党的领导力。领导干部要把学习贯彻新发展理念与提升领导力、加强和改善党的领导紧密结合起来。

用“心”与“力”的融合提升领导力。心为万力之本。提升领导力，从领导干部个体角度而言尤其要注重“心”与“力”的融合，具体而言主要包括以下几个方面：一是强调忠诚。忠诚是对“心”最重要的要求，是“力”的源泉。领导干部要对党忠诚，不论身在何方，不论处于何种境地，都要把对党忠诚作为自己的道德操守和行为准则，这样才能担负起组织重托。二是强调提升能力。有“心”无“力”，最终只能流于平庸。提升领导力，既要有“心”，也要有“力”。这就要求领导干部必须高度重视提升自己的能力。三是强调责任担当。责任是“心”，担当是“力”。当前，加强和改善党的领导特别需要领导干部有责任担当。有了责任担当，就能把“心”与“力”融合后的力量充分发挥出来，不断提升我们党的领导力。

原载《人民日报》（2016 年 04 月 15 日 07 版）

目录

CHAPTER 01

第一章

领导贵在执行

现代管理学之父德鲁克在《未来的领导者》中指出："领导者缺乏执行力恰恰是导致失败的主要原因，现代的社会更需要的是执行型的领导者。"汪中求同志在《细节决定成败》一书的前言中说道：中国决不缺少雄韬伟略的战略家，缺少的是精益求精的执行者；决不缺少各类管理制度，缺少的是对规章条款不折不扣的执行。[①] 领导之要，贵在落实，落实之要，贵在执行。作为一个好的领导不仅应当是科学的决策者，更应当是一个能推动决策不折不扣加以落实的坚定执行者。毛泽东同志曾指出："政策是革命政党一切实际行动的出发点，并且表现于行动的过程和归宿。一个革命政党的任何行动都是实行政策。"习近平总书记指出，我们在很多时候，工作有没有新面貌，有没有新气象，并不在于制定一打一打的新规划，喊出一个一个的新口号，而在于结合新的实际，用新的思路、新的举措，脚踏实地把既定的科学目标、好的工作蓝图变为现实。[②]

一、何为领导执行

什么是"领导"？领导是领导者及其领导活动的简称。领导者是组织

① 汪中求，《细节决定成败》，新华出版社，2004 年版，第 2 页。

② 选自《习近平总书记重要讲话文章选编》，学习出版社、人民出版社 2016 年 4 月第 1 版，第 29 页。

中那些有影响力的人员，他们是组织中拥有合法职位的、对各类管理活动具有决定权的主管人员。领导活动是领导者运用权力或权威对组织成员进行引导或施加影响，以使组织成员自觉地与领导者一道去实现组织目标的过程。“领导，是一种工作；领导工作，是一种职业，一种特殊职业。”作为领导，“开展工作要有激情、谋划工作要有思路、推进工作要有魄力、落实工作要有力度”。[①]“领导”既是一个对职位的称呼，也是一个行动过程，含有“领”和“导”两个动作过程。“领”含有统领、引领、带领、率领的意思；“领导”中“导”含有引导、指导、督导、教导的意思。

本书所指领导，主要指党员领导干部[②]，即主要包括以下三部分：一是党政机关中的“党员领导干部”，包括党的机关、人大机关、行政机关、政协机关、审判机关、检察机关、各民主党派和工商联机关以及参照公务员法管理的单位中担任各级领导职务和副调研员以上非领导职务的中共党员。二是国有企业中的“党员领导干部”，包括大型、特大型国有和国有控股企业（含国有和国有控股金融企业）中层以上领导人员，中型以下国有和国有控股企业（含国有和国有控股金融企业）领导班子，以及上述企业中其他相当于县处级以上层次的中共党员。三是事业单位中的“党员领导干部”，包括事业单位（未列入参照公务员法管理范围）领导班子和其他六级以上管理岗位的中共党员。在本书论述过程中所涉及的“领导干部”表述，统指“党员领导干部”。

所谓“执行”就是指将理想变成现实、思想转化为行动、计划变为成果的能力。什么是执行？“执行”概念最早由美国企业家保罗·托马斯和企业管理学家大卫·伯恩提出。而“执行”受到广泛关注则始于美国人拉里·博西迪和拉姆·查兰的《执行》一书。书中把“执行”理解为通过提

---

① 李小三，《为政常识三十讲》，人民出版社，2010 年版，第 1 页。

② 《中纪委详解“党员领导干部”范围》，人民网，2015-11-26。

出问题、分析问题、采取行动的方式来实现目标的一套系统流程，是一门将战略与实际、人员与流程相结合，以实现预定目标的学问。[①] 执行强调的核心就是“做”“干”“行动”“落实”，目的就是快速有效地完成既定目标任务。

何为领导执行？就是指领导带领下属快速有效地完成上级指定目标任务的能力。就本书论述的对象而言，就是指党员领导干部带领广大群众，贯彻执行党的理论、路线、方针、政策、指示，善于决策部署，狠抓工作落实，实现既定目标任务的行为或过程。简单地说，领导执行的过程就是“从群众中来，到群众中去”的过程。俗话说：“兵熊熊一个，将熊熊一窝。”在领导执行的过程中领导起到十分重要的“领”和“导”的作用。“领导干部对党和人民的事业负有重要领导责任。所谓领导，最根本的就是把党的理论和路线方针政策贯彻到群众之中，为群众所掌握，从而实现对群众的领导。而离开对群众艰苦细致的思想工作、宣传工作、组织工作，就不可能把群众真正动员和组织起来，实现对群众的领导也就会成为一句空话。”[②]

二、领导贵在执行

马克思曾在《哥达纲领批判》中指出：一步实际行动比一打纲领更重要。美国学者艾利森曾说过：“在实现政策目标的实际过程当中，90% 的功能取决于有效的执行，只有 10% 的功能取决于方案。”我们通常说“三分战略，七分执行”“一分布置，九分落实”“言必行，行必果”“道虽迩，不行不至；事虽小，不为不成”“为政贵在行”……这些话都是强调执行

① 拉里·博西迪、拉姆·查兰，《执行：如何完成任务的学问》，机械工业出版社，2003 年版。

② 江泽民，《领导干部要在思想、作风建设中作出表率》（1998 年 6 月 2 日），《江泽民文选》第 2 卷，人民出版社，2006 年版，第 141 页。

的重要性。

（一）执行体现领导能力

执行体现凝聚力、战斗力、领导力和竞争力。执行能力是党和政府执政能力建设的重要组成部分，是检验领导干部素质高低的试金石，也是衡量党和政府能力和水平的重要内容。就我国而言，各级领导干部是建设中国特色社会主义事业的中坚力量，其执行能力的强弱和高低，体现干部队伍的实力，主要表现在：不仅反映其自身的政治素质和政治品格、精神风貌和领导作风，而且还反映领导能力和领导水平。

一是执行体现领导干部的政治素质和政治品格。工作贵在落实。抓好落实，不仅是工作方法和工作作风问题，也是衡量领导干部懂不懂政治、讲不讲政治的一个重要标准。不抓落实，就会影响党和国家方针政策的贯彻落实，影响经济社会事业又好又快地发展，影响群众利益的维护和实现。因此，干工作必须把抓落实摆在极其重要的位置。抓落实是领导干部党性原则的根本要求。能否抓好工作落实，从根本上说是党性问题，是指导思想问题。抓落实是一个领导干部为政为官的态度，也是对领导干部最基本的作风要求。能不能、会不会抓落实是一把标尺，是衡量领导干部踏实干事、勤政为民的标准。从马克思主义认识论来看，抓落实，就是人们科学地认识世界、成功地改造世界。能否把党和国家的大政方针变为具体行动，关键在于抓落实，这是一个带有根本性的问题。抓落实是领导工作中一个极为重要的环节，是党的思想路线和群众路线的根本要求。各级领导干部要深入贯彻落实科学发展观，牢固树立宗旨意识和正确政绩观，狠抓落实、善抓落实，用百折不挠的意志争创一流业绩，不断开创各项工作新局面。

二是执行体现领导干部的精神风貌和领导作风。习近平总书记关于全面深化改革的系列重要论述中强调："既当改革促进派，又当改革实干家，以钉钉子精神抓好改革落实”“既要督任务、督进度、督成效，也要察认识、察责任、察作风”“聚焦、聚神、聚力抓落实，做到紧之又紧、细之又细、实之又实”……目标是否坚定，决定改革的成败；执行能否到位，决定蓝图的实现。实践证明，改革必须有强大的执行力、沉下心来抓落实才行，否则再好的目标、再好的蓝图也只能是空中楼阁。“天有日月星，人有精气神。”习近平总书记强调，“全面深化改革，首先要刀刃向内、敢于自我革命，重点要破字当头、迎难而上，根本要激发动力、让人民群众不断有获得感”“保持锐意创新的勇气、敢为人先的锐气、蓬勃向上的朝气”“发扬钉钉子精神，一张好的蓝图一干到底”……行动的前提则是积极性。习近平总书记明确指出，“干部干部，干是当头的，既要想干愿干积极干，又要能干会干善于干，其中积极性又是首要的”，要“更广泛更有效地调动干部队伍积极性”。要把严格管理干部和热情关心干部结合起来，推动广大干部心情舒畅、充满信心，积极作为、敢于担当；要完善容错纠错机制，区分改革的探索性失误和明知故犯的违纪违法；要健全激励保障制度，使庸官不能上岗、懒官难过考核，有力支持和保护那些作风正派又敢作敢为、锐意进取的干部，最大限度调动广大干部的积极性、主动性、创造性，积极进取，奋发有为，更好带领群众干事创业，做出经得起实践、人民、历史检验的实绩。

三是执行体现领导干部的服务水平和执政能力。邓小平同志曾指出：“领导就是服务”，服务人民就是领导干部做事的真谛。正如习近平总书记所说：领导干部一定要“抓落实”“实干”才能“兴邦”“干在实处”才能“走在前列”。领导贵在执行，没有执行就不可能做到全心全意为人民服务。一个领导干部的执行能力大小不仅体现领导干部服务群众水平和执政能力及水平，而且直接决定着一个地方乃至国家经济社会发展速度的快慢、质量的好坏，并且还关系到我们党和政府的公信力，直接影响党和人民事业的兴衰成败，关系到党的执政地位是否稳固。正如习近平总书记所说，中国特色社会主义事业关键在党，要确保党在发展中国特色社会主义历史进程中始终成为坚强领导核心。关键在人，要建设一支宏大的高素质干部队伍。要始终把选人用人作为关系党和人民事业的关键性、根本性问题来抓。好干部要做到信念坚定、为民服务、勤政务实、敢于担当、清正廉洁。党的领导干部必须坚定共产主义远大理想、真诚信仰马克思主义、矢志不渝为中国特色社会主义而奋斗，全心全意为人民服务，求真务实、真抓实干，坚持原则、认真负责，敬畏权力、慎用权力，保持拒腐蚀、永不沾的政治本色，不断地提高执行能力和水平，创造出经得起实践、人民、历史检验的实绩。

（二）领导过程重在执行

“火车跑得快，全靠车头带。”坚强有力的领导是提高执行水平的前提。《荀子·修身》篇中有这样一句话：“道虽迩，不行不至；事虽小，不为不成。”意指，道路虽近，但如果不迈出脚步行走，也无法达到目标。事情虽然简单，但如果不动手去做，事情终究不能办成。领导过程其实质就是将理想变成现实、思想转化为行动、计划变为成果的过程。毛泽东同志在《党委会的工作方法》一文中指出，“什么东西只有抓得很紧，毫不放松，才能抓住。抓而不紧，等于不抓。伸着巴掌，当然什么也抓不住。就是把手握起来，但是不握紧，样子像抓，还是抓不住东西”。

一是领导执行是领导决策实现的重要途径。决策是先导，执行是过程，也是目的。决策的制定和实施方案的部署，还只是进行了一半的事情，还有更重要的一半就是要确保决策和部署的贯彻落实。只有决策，没有执行，决策就是空谈。领导决策的价值和意义只有通过政策执行才得以实现。一个好的领导干部不仅应当是科学的决策者，更应当是一个能推动决策不折不扣加以落实的坚定执行者。一个领导干部的理念、思路、目标、决策再好，如果不能通过执行转化为现实、行动、结果，都将是“水中花”“镜中月”“画饼充饥”“纸上谈兵”。很多人认为领导的重要职责就是决策，至于执行，那是下属的事情，作为领导只要进行授权就行，因此执行不值得领导劳心费神和事必躬亲，所以当执行发生问题时，就会完全将其归结为下属的能力和工作态度问题。其实这种看法是非常错误的。马云曾经说过：“我宁愿要三流的战略一流的执行，不要一流的战略三流的执行。”

二是领导执行是检验领导决策的唯一环节。科学的领导决策是在正确的理论指导下，按照一定的程序，充分依靠管理团队的集体智慧，正确运用决策技术和方法来选择行为方案。领导决策正确与否、质量优劣、有无时效、是否可用都必须经过执行才能得到检验。执行是一个重要的领导环节和领导方法，是检验决策是否有成效的有力手段。决策是一个提出问题、分析问题、解决问题的完整动态过程。通过执行，才会发现决策是否科学、是否全面、是否合理。一个决策是否科学最根本的检验标准是在执行过程中能否解决实际问题。然而，问题的解决也只发生在执行的过程中。

三是领导执行是完善领导决策的基本依据。执行过程中反馈过来的实践经验与政策信息，是政策执行再决策和再制定后继政策的基本依据和重要参考。决策执行过程也就是决策被执行、被淘汰、补充、修订、选取的过程。领导执行的过程就是坚持群众路线的过程。正如毛泽东同志所说：“在我党的一切实际工作中，凡属正确的领导，必须是从群众中来，到群众中去。这就是说，将群众的意见（分散的无系统的意见）集中起来（经过研究，化为集中的系统的意见），又到群众中去作宣传解释，化为群众的意见，使群众坚持下去，见之于行动，并在群众行动中考验这些意见是否正确。然后再从群众中集中起来，再到群众中坚持下去。如此无限循环，一次比一次更正确、更生动、更丰富。这就是马克思主义的认识论。”①

三、领导执行意义

“为政之要，莫先于用人。”毛泽东同志说过：“政治路线确定之后，干部就是决定的因素。”② 正确的政治路线要靠正确的组织路线来保证。各级领导干部掌握着人民赋予的方方面面的权力，是党的理论和路线方针政策的具体执行者，是党治国理政的骨干，是团结带领广大人民群众共同奋斗的带头人。现在我们正紧紧围绕“五位一体”的总体布局，协调推进“四个全面”战略布局，在全面建成小康社会决胜阶段，以新的发展理念引领新的发展实践，让新的发展理念落地生根、变成普遍实践，关键要靠各级领导干部组织带领广大人民群众去落实去行动。因此，建立一支真正理解和掌握我们党的路线方针政策，并能高效执行的领导干部队伍，对党和人民事业的成功显得尤为关键。思想是行动的先导。各级领导干部只有真正从内心深刻地认识到执行的重要意义，才能增强提升执行力的自觉性。胡锦涛同志曾指出：“我们经常面临一个突出的问题是：从中央到地方为推进事业发展的好思路、好政策、好措施不少，但很多事情往往提出来后只是热闹了一阵，并没有真正落实，也没有达到预期的效果。我们必须从党的路线方针政策全面贯彻执行、确保党和国家发展目标顺利实现的高度，把抓落实问题十分严肃地提到全党面前。”

---

① 《论群众路线——重要论述摘编》，中央文献出版社、党建读物出版社，2013 年 6 月第 1 版，第 24 页。

② 《毛泽东选集》第 2 卷《中国共产党在民族战争中的地位》（一九三八年十月十四日），人民出版社，1991 年版，第 526 页。

（一）是马克思主义实践观的核心要义

马克思主义理论是认识论和实践论的统一，不仅是认识世界的武器，更是改造世界的武器。马克思主义的任务不只在于说明世界，更重要的是要改造世界。因此，学习马克思主义理论，必须要树立实践观。马克思主义实践观核心要义就是重视行动、落实和执行。习近平同志反复强调，实践决定认识，是认识的源泉和动力，也是认识的目的和归宿。知行合一，贵在行动。要尊重实践、不断实践、坚持实践；要发扬“钉钉子”精神，滴水穿石、久久为功，善始善终、善始善成，并且身体力行、示范带动，为全党践行马克思主义实践观做出表率。“抓落实，是我们党执政能力的重要展现，也是对各级领导干部工作能力的重要检验”“抓落实，是把决策变为人们的实践行动、由认识世界到改造世界的过程”①。

（二）是党的思想和群众路线根本要求

中国共产党始终坚持“一切从实际出发，理论联系实际，实事求是，在实践中检验真理和发展真理”的思想路线和“一切为了群众，一切依靠群众，从群众中来，到群众中去”的群众路线。“抓落实是领导工作中一个极为重要的环节，是党的思想路线和群众路线的根本要求”②“人民对美好生活的向往，就是我们的奋斗目标”“目标确定了，任务明确了，就要咬定青山不放松，不达目的不罢休”。习近平同志的讲话充分说明领导干部执行一定要以我们党的思想路线和群众路线为根本。在执政理念上，始终坚持人民至上，始终把人民放在心中最高位置；在执政力量上，始终坚持依靠人民，中国特色社会主义事业是亿万人民的事业，必须充分调动广

---

① 选自 2013 年第 6 期《求是》刊发的习近平同志发表的《关键在于落实》一文。

② 选自 2013 年第 6 期《求是》刊发的习近平同志发表的《关键在于落实》一文。

大人民的积极性、主动性、创造性；在执政方式上，始终坚持问计于民，坚持群众路线，始终与群众一块过、一块苦、一块干。各级领导干部一定要持之以恒抓执行，在执行过程中始终坚持党的思想路线和群众路线。

（三）是全面建成小康社会的现实需要

为政之要，贵在落实；落实之要，贵在执行。习近平指出，“抓落实，从各级党委、政府和领导干部工作方面讲，就是抓党和国家各项方针政策、工作部署、措施要求的落实，使之贯彻到实践中去，贯彻到基层中去，贯彻到群众中去，成为广大党员、干部、群众的自觉行动，以确保党和国家确定的目标任务顺利实现”①。邓小平同志在改革开放之初就告诫全党：“世界上的事情都是干出来的，不干，半点马克思主义也没有。只有把嘴上说的、纸上写的、会上定的，变为具体的行动、实际的效果、人民的利益，我们的工作才算做到了位、做到了家。”② 到二〇二〇年全面建成小康社会，是我们党向人民、向历史做出的庄严承诺。习近平同志号召全党：决胜全面建成小康社会的历史大幕已经拉开，全面建成小康社会冲刺的艰巨任务落在我们这一代人肩上。只要广大领导干部敢于担当，带领广大群众坚定信心，团结一致，攻坚克难，全力投身到全面建成小康社会的伟大实践中，全面建成小康社会的目标就一定能够实现。

（四）是实现中华民族复兴的必然选择

中国梦的基本内涵是实现国家富强、民族振兴、人民幸福，达到中华民族伟大复兴。中国梦凝聚了几代中国人的夙愿，体现了中华民族和中国

---

① 选自 2013 年第 6 期《求是》刊发的习近平同志发表的《关键在于落实》一文。

② 选自《邓小平文选》第二卷，《高级干部要发扬党的优良传统》（一九七九年十一月二日），人民出版社，1994 年版，第 221 页。

人民的整体利益，是每一个中华儿女的共同期盼。需要一代又一代中国人共同为之努力。2012 年 11 月 29 日，习近平同志参观《复兴之路》展览基本陈列时指出，“空谈误国，实干兴邦”，鼓励全国各族人民要通过实干成就中国梦。党的十八大以来，习近平同志多次强调实干兴邦同实现中华民族伟大复兴中国梦的必然联系，明确指出“全面建成小康社会要靠实干，基本实现现代化要靠实干，实现中华民族伟大复兴要靠实干。”“全国各族人民一定要牢记使命，心往一处想，劲往一处使，用十三亿人的智慧和力量汇集起不可战胜的磅礴力量”。[①] 各级领导干部只有牢固树立执行观念，敢于啃硬骨头，敢于涉险滩，敢于以“踏石留印、抓铁有痕”的决心，冲破思想观念的束缚，突破利益固化的樊篱，对中央的要求不折不扣地加以贯彻执行，才能保证“五位一体”和“四个全面”落到实处，才能保证伟大中国梦的如期实现。

① 习近平：《在第十二届全国人民代表大会第一次会议上的讲话》，《人民日报》，2013 年 3 月 18 日。

C H A P T E R 0 2

第二章

领导执行的核心要素

马克思主义哲学认为事物是普遍联系和相互作用的。著名科学家钱学森曾指出系统即由相互依赖和相互作用的若干组成部分结合成的具有特定功能的有机整体。而这个系统本身又是它所从属的一个更大系统的组成部分。领导执行的过程是领导活动的重要内容。领导执行也可以看成一个由一系列相互联系、相互作用的若干要素按一定的结构所结合成的具有特定功能的有机整体。领导执行的实现，是一个包含执行主体、执行客体、执行工具和执行环境在内的多种因素相互作用形成合力的结果。因此，每一种因素及其作用机制的优化与否都直接关系到领导执行的结果和成效。

一、领导执行主体

领导执行主体指具体从事执行的执行者。执行者因其在组织系统中的位置不同，在执行中的作用和职能也是不同的。高层执行者在执行中主要负责把握方向、勾画愿景、策划战略、科学规划，简单地说，就是要负责“做正确的事”；基层执行者在执行中的主要职责是严格按照上级决策要求，按时按量按质地完成任务，简单地说就是要“正确地做事”；中层执行者处于组织结构的中间位置，起到上情下达，下情上达，承上启下的中坚和脊梁作用，简单地说，就是既要“做正确的事”，又要“正确地做事”。无论高层、中层、基层执行者，其态度、知识和能力是影响执行效果的三个重要因素。执行者的态度决定了想不想执行、愿不愿执行、敢不敢执行，是执行是否实现的前提条件。执行者的知识和能力决定了能不能执行，会不会执行，是执行发生的关键因素。

党的十八届三中全会提出：“全面深化改革的总目标是完善和发展中国特色社会主义制度，推进国家治理体系和治理能力现代化。”在路线、方针、政策确定之后，“干部就是决定的因素”。就我们党和人民的事业而言，就是党和国家的路线、方针、政策和各项工作的执行主体。各级领导干部的领导力和执行力的状况，直接决定国家治理体系和治理能力现代化能否实现。因此，建立一支执行有力的干部队伍对于国家治理体系和治理能力现代化奋斗目标和中华民族伟大复兴中国梦的实现显得尤为关键。在我们党的领导执行活动中，领导干部既是决策者，也是执行者和实践者。党的执政理念、执政思路、执政意图、目标任务和政策措施的落实，最终都是要通过各级领导干部的贯彻执行来完成。

“不谋万世者不足谋一时，不谋全局者不足谋一域。”各级领导干部要深刻认识自身在广大人民心目中的位置和作用，准确地定位自己的角色，认清自己的角色，做党和国家政策的宣讲者、解读者、执行者，做人民群众的贴心人、知心人、放心人。一个领导干部的综合思想和道德素质的高低，专业知识水平高低，以及领导能力、沟通能力、协调能力、创新能力的高低，决定其能否正确理解党和国家政策和决策的精神实质和内在机理，能否正确认识党和国家政策和决策的基本内涵和具体要求；能不能有效地计划和组织实施上级政策和决策；能不能得到广大人民群众的信任和支持，去有效地执行上级的政策和决策。因此，优化执行主体因素是提高领导执行的关键因素。要建立和完善干部选拔任用制度和干部教育制度，不断将执行力强和有潜在执行力的干部选拔出来。

二、领导执行客体

客体是主体作用的对象，即目标群体。领导执行的目标群体是决策和被执行者。决策是领导执行的直接客体，被执行者是领导执行的间接客体。一般来讲，直接客体的决策科学与否，间接客体的被执行者对决策赞成、拥护和支持与否，以及被执行者对执行者的认同、信任、支持与否，都会直接影响领导执行的效果。

对领导干部而言，领导执行的客体包括两部分：决策和被执行者。决策，就是指党的路线、方针、政策和上级的指示、决议、命令和规定等。领导者的决策通常有三个来源：一是上级指定，二是下级工作中遇到的困难和问题，三是领导者积极主动、创造性地去发现和处理自己职责范围内的问题。领导决策解决的是"干不干""干什么""能不能干"的问题。被执行者，就是指人民群众。所以，优化客体因素也是提高领导执行的重要因素。我们党是执政党，在整个国家和社会生活中处于领导地位，进行决策和执行决策，是实现党的领导的重要活动。党的决策和决策的执行是否正确，同人民群众的利益密切相关，对党和群众的关系影响很大。所以，要保证决策和决策的执行符合人民的利益，必须首先要保证党的决策正确和决策执行正确。所以，要保证领导执行的顺利执行，不仅要保证决策的正确，而且要做到人民群众对决策的知晓。

三、领导执行工具

执行工具是执行主体作用于执行客体的方法和手段，是领导执行的中间环节。良好的领导执行方法和执行手段是实现领导执行的中心环节。当科学决策之后，影响有效执行的一个关键因素，就是能否选择恰当的执行工具。领导执行工具就是领导者能够用以实现特定决策目标的一系列机制、手段、方法与技术。领导执行工具是决策目标与决策结果之间的纽带和桥梁。领导执行工具的选择主要发生在决策执行阶段。决策执行的核心也在于选择和设计有效的执行工具。在领导执行中，选用何种决策执行工具以及用哪一种标准来评价该决策执行工具的效果，对能否达成既定决策目标具有决定性影响。成功的领导执行通常综合运用命令、激励、能力建设和组织变革四种执行工具。

（一）命令工具

命令是规范个体和机构行动以让其服从的规则。这是一种强迫性的执行工具，领导者依靠其统治权威，可以指示被领导者执行某些活动，如不遵守和服从，则会受到惩罚。命令具有强制性、规范性、权威性、纵向性、无偿性及速效性等特点，它通常包括两类：一类是要求被执行者进行一定作为的命令，即应该怎么做；另一类是要求被执行者履行一定的不作为的命令，即不该怎么做。命令工具通常包括行政命令、法律命令、魅力命令三种，执行的类型也可分为三类：行政命令型执行、法律命令型执行、魅力命令型执行。行政命令型执行就是领导者利用政府的决定和措施强制被领导者去完成既定目标任务的行为方式。法律命令型执行就是领导者利用法律法规强制被领导者去完成既定目标任务的行为方式。魅力命令型执行就是领导者利用自身的个人魅力“强制”被领导者去完成既定目标任务的行为方式。

（二）激励工具

激励就是激发人们的积极性、主动性和创造性。它是领导者通过某种适当的、健康的刺激，促使被领导者保持高度积极状态去完成目标任务的某种心理需求的外在因素。激励的目的在于激发执行者的正确动机，调动他们的积极性和创造性，充分发挥他们的智力效应，从而去完成既定的目标任务。人们的需求是多种多样的，激励的具体形式也是多种多样的，但就其内容来说，可分为精神激励和物质激励两大类。首先，精神激励和物质激励紧密联系，互为补充，相辅相成，二者的有机结合构成了激励的完整内容。其次，只有精神激励和物质激励手段相结合，才能收到事半功倍的效果。表扬与奖励是激励的重要手段和方法。表扬侧重于精神方面，奖励侧重于物质方面，而两者的实质都是试图激发人们的积极性，都是激励的手段。

（三）能力提升工具

能力建设工具是指提供给执行者去实施执行行动的信息、培训、教育和资源。这些途径假定执行的问题不在于激励，而是执行者缺少必要的信息、技术或其他资源，使得人们难以做出对完成目标任务有利的执行行为。能力建设工具适用的情境包括：一是执行者缺少关于如何去执行的精确信息。二是执行者缺少如何去执行的自身能力和素质。三是执行者缺少如何去执行必要的政治、经济、文化、社会等资源。能力建设工具和激励工具的区别在于：激励是一种短期补贴，能力建设是一种长期的投资。学习、教育、培训是提升执行者执行力的重要途径。通过学习、教育、培训，不断地提高执行者的统筹协调力、信息集聚力、决策理解力、自我决策力、资源获取力、果断执行力等。

（四）组织变革工具

组织结构是为实现既定的目标和战略而确立的内部权力、责任、控制和协调关系的形式，是一个组织管理的基本架构。在要素既定的条件下，一般来说，有什么样的组织结构就有什么样的功能。优化结构就会产生最佳功能。传统管理理论（如泰勒、法约尔、梅奥、巴纳德等）把组织作为一个封闭系统，关注组织内的结构与制度，以组织内部的运营效率而不断向环境输出产品或服务，或者只是对外部环境的被动适应。当代管理理论中，“组织是一个不断地与其环境发生作用的开放系统”，具有内部和外部的信息反馈机制，这实际上是组织与环境之间的双向作用与相互适应，是组织与环境相互建构、共同进化的过程。组织结构和组织制度是影响个人和组织执行力高低的重要因素。

一是通过组织结构变革可以提高执行力。某些执行不力、执行失范情况的发生正是由于信息在层层传达的过程中发生扭曲、误解而导致的，而信息之所以会发生扭曲、误解，在一定程度上则是由于执行组织的结构不科学而导致的，因而有必要优化组织内部架构，进行行政组织结构创新，提高组织功能。

二是通过组织执行流程变革提高执行力。规范科学的执行流程，既能优化资源配置又能提高执行效率，并能有效避免执行失范和执行偏差，提高组织执行效度。在流程设计中，应注意科学性与规范性并重，对应当遵守的步骤和环节做出明文规定。同时采取一些科学的方法、技能与技术，依据不同类别政策、决策规划不同的执行流程，或者在操作时允许有一定的灵活性和主动性，在确保执行效率的同时也提高执行的效度。

四、领导执行环境

执行是一项复杂的活动过程，执行是否顺利有效，既受主观因素的影响，也受客观因素的影响，在执行过程中要将各种因素加以系统综合，使其处在一种有序状态下，发挥出最大的整体效应。在执行过程的措施和行动中，牵涉到人、财、物、时间、信息等都是执行中必然要涉及的基本要素。这些基本要素的组合，就构成了执行的环境。实现执行的环境因素包括执行组织（个人）的内部环境和外部环境。

（一）优化执行内部环境

执行系统内部环境好坏主要体现在执行文化上。良好的执行文化会对组织成员起到激励、引导作用，更好地促进工作落实。第一，树立人文意识。要提高执行力，就要有人文关怀理念，才能凝心聚力。领导要以身作则，率先垂范，尊重、关心、激励下属，使他们保持精气神，尽职尽责地完成任务。第二，树立爱岗敬业意识。领导要培养下属的爱岗敬业意识，与下属形成共同的愿景，引导爱岗敬业，为共同愿景而奋斗，完成组织目标。第三，树立向组织看齐意识。一个团结协作的团队才有强大的执行力。领导个人再有能力，也难以单兵作战完成任务，必须形成执行的聚合力。只有树立向组织看齐意识，才能增强凝聚力和向心力，上下一心，齐头并进，形成执行合力。

（二）优化执行外部环境

任何执行都是在一定的社会环境之中，受环境的影响。它不仅包括政治文化、民众的支持、大众传播媒介、经济状况以及国内外政治气候，而且社会的风俗习惯和心理承受力等，也会制约组织（个人）执行。执行活动也可以通过执行主体的能动性方式，改造外部环境；而外部环境则时刻影响着执行的整个过程。组织（个人）执行的环境按照内容为标准，可划分为政治环境、经济环境、文化环境、社会环境、自然环境等。一是优化利于执行的政治环境。民主是表达权利和实现平等的核心手段和机制，法治是权利观念、平等观念、民主观念在公民意识中的普遍确立，并成为社会运行的标准规则。营造民主法治的政治环境能有力地促进执行系统的高效运转。二是优化利于执行的经济环境。一个国家不同的经济体制、社会经济状况、特定时期的经济政策、政府与市场职能定位及关系状况都会对组织（个人）执行产生不同的影响。三是优化利于执行的文化环境。一定时期占社会主导地位的价值观会对组织（个人）执行起到推动或阻碍作用；不同的文化会造就不同的工作态度。四是优化利于执行的社会环境。健全的公民社会是执行系统高效运转的基础，它不仅为执行系统提供优质的执行环境，更能减少执行的成本。另外，良好的社会心理环境（情感、风俗、习惯、宗教的倾向和信念等），能够促使公众积极支持和配合执行主体，使政策得到贯彻落实，反之则使政策执行受阻。五是优化利于执行的生态环境。任何决策执行都是在一定的自然环境中进行的，必然受到自然资源、生态平衡的制约。决策执行也要遵守可持续发展原则，要重视对自然资源的节约，更不能破坏生态平衡。

CHAPTER 03

第三章

领导执行的关键环节

执行是决策的外在体现。正确的决策做出后，如果不能得到准确地贯彻执行，同样会贻误工作，影响事业的发展。一些工作做不好或做不下去，或出现失误，或造成损失，都与执行力不强、执行不到位有直接关系。领导执行过程是将政策和决策付诸实施，直至完成政策和决策计划。实现政策和决策目标的活动过程，是把政策和决策由设想变成现实的全过程。领导执行是政策和决策的延续，也是政策和决策本身的要求。到位的政策和决策执行，可以在执行的过程中使政策和决策得到巩固、优化，确保组织的事业获得成功。领导执行的成效取决于以下关键环节：正确决策、决策理解、决策宣传、组织实施、督导检查、评价反馈、兑现奖惩、总结提升。

一、正确决策

正确决策是领导执行的前提条件。领导干部的职责概括起来主要是两件事："出主意"和"用干部"。所谓"出主意"就是指决策。提高执行力，首先要提高决策能力，只有决策能力提高了，做工作才能找到合理的途径，才能获得更高的效率。毛泽东曾指出："政策和策略是党的生命。"科学决策是领导执行的重要前提。没有科学的决策就没有正确的执行。具有科学决策能力，是执政党和现代社会对领导者、管理者的基本要求，是领导干部应当具备的基本功。一般来讲，影响执行的决策本身主要涉及：决策目标是否明确清晰、决策内容是否科学与合理、决策执行是否可行等问题，这些问题在决策形成过程中解决得好，执行起来就顺利，决策目标就容易达到，反之决策执行会困难重重。所以，不论哪一级领导机构做决策，都应把发展的速度、改革的力度、社会和群众可承受的程度结合起来，广泛听取各个方面包括执行层面的意见和建议，达到“技术上可能、经济上合理、法律上允许、操作上可行、目标上可为、政治上能为”的要求，才便于执行。领导干部要做到科学决策必须坚持以下几点。

一是坚持群众导向。我们党的最大政治优势就是密切联系群众，党执政后最大危险就是脱离群众。在任何情况下，都必须遵守群众路线，坚持全心全意为人民服务的宗旨。“要坚持把人民拥护不拥护、赞成不赞成、高兴不高兴、答应不答应作为制定各项方针政策的出发点和落脚点，确定涉及群众利益的重大政策和工作目标任务时充分考虑不同群众的利益和承受能力，有利于群众的就干，不利于群众的就不干，绝不能干劳民伤财、违反群众意愿的事。”①“坚持以人为本、执政为民，始终保持党同人民群众的血肉联系。为人民服务是党的根本宗旨，以人为本、执政为民是检验党一切执政活动的最高标准……坚持问政于民、问需于民、问计于民，从人民伟大实践中汲取智慧和力量。坚持实干富民、实干兴邦，敢于开拓，勇于担当，多干让人民满意的好事实事。”②

二是坚持实事求是。实事求是指从实际对象出发，探求事物的内部联系及其发展的规律性，认识事物的本质。通常指按照事物的实际情况办事。毛泽东在《改造我们的学习》中指出：“实事”就是客观存在着的一切事

① 胡锦涛：《继续抓住和用好重要战略机遇期，确保实现“十二五”时期发展的目标任务》（2010年10月18日），《十七大以来重要文献选编》（中），中央文献出版社，2011年版，第1013页。

② 胡锦涛：《坚定不移沿着中国特色社会主义道路前进，为全面建成小康社会而奋斗》，人民出版社，2012年1版，第50—51页。

物，“是”就是客观事物的内部联系，即规律性，“求”就是我们去研究。毛泽东认为，“是”就是事物的规律，“求是”就是认真追求、研究事物的发展规律，找出周围事物的内部联系，作为我们工作的向导。党的十一届三中全会重新把实事求是作为我们党的思想路线，为全面改革奠定了思想理论基础。“实事求是”是毛泽东思想的精髓，也是邓小平建设有中国特色社会主义理论的哲学基础。科学决策坚持实事求是，就是要了解掌握实际情况，探索和认识事物发展的客观规律，包括经济规律、社会发展规律、市场规律、自然规律等，按客观规律办事，确定和实现决策目标。“要深入实际、深入基层、深入群众，倾听群众呼声，了解群众意愿，集中群众智慧，使我们做出的决策、采取的措施、推行的工作更加符合客观实际和规律，更加符合广大人民的愿望和利益。”①习近平总书记指出：“只有通过调查研究，努力掌握全面、真实、丰富、生动的第一手材料，真正搞清楚本地区本部门本单位的实际情况，真正搞清楚影响改革发展稳定的突出问题，真正及时了解人民群众的所思所盼，我们才能真正掌握客观实际中的‘实事’，做到耳聪目明、心中有数。”②唯有这样才能做出科学决策。

三是坚持发扬民主。充分发扬民主是决策行为的核心和内在要求，也是有效防止决策失误的良方。能否做到民主作风，是领导者的素质、水平和境界的体现。只有充分发扬民主，广开思路，广开言路，才能形成正确的决策。在领导干部的决策行为中，切不可主观臆断，刚愎自用，也不可故步自封，因循守旧，更不可独断专行，唯我独尊。在决策过程中要充分发挥公众参与、专家咨询和政府决定相结合的决策主体。公众参与既是决

① 中共中央宣传部理论局编，《论党的群众工作——重要论述摘编》，2011 年 4 月第 1 版，第 37 页。

② 习近平：《坚持实事求是的思想路线》（习近平同志 2012 年 5 月 16 日在中央党校春季学期第二批入学学员开学典礼上的讲话），《学习时报》，2012-05-27。

策科学化的保障，也是决策民主化的体现。要通过公示、听证等制度，让人民群众参与决策过程，充分表达决策意愿。要充分发挥专家咨询作用。通过专家论证、技术咨询、决策评估等方式，认真听取专家学者的意见建议，做到尊重实际、尊重规律、尊重科学。要充分发挥民主集中制作用。行政机关是行政决策主体，要严格执行民主集中制，在民主的基础上实行正确的集中，在做出决策后，坚决执行。

四是坚持依法依规。当前，我国已进入转型的关键期、发展的转型期和改革的深水区，利益主体多元化，利益诉求也呈现多元化趋势。同时，民众的权利意识和社会监督意识普遍增强，决策风险也逐渐变大。依法决策是经济社会发展的必然要求，是领导者必须具备的基本素质和能力。决策内容不偏离法律底线，决策程序必须遵守法律规定。决策执行一方面要靠法律来“保驾护航”，另一方面，决策执行可能引发的矛盾和冲突，必须依靠法律手段来解决。十八届四中全会通过了《中共中央关于全面推进依法治国若干重大问题的决定》，明确提出“健全依法决策机制”“建立行政机关内部重大决策合法性审查机制，未经合法性审查或经审查不合法的，不得提交讨论”。同时也提出了“建立重大决策终身责任追究制度及责任倒查机制”，以及“把公众参与、专家论证、风险评估、合法性审查、集体讨论决定确定为重大行政决策法定程序，建立行政机关内部重大决策合法性审查机制，建立重大决策终身责任追究制度及责任倒查机制”。

二、宣传决策

政策宣传的作用和力量，就在于它能使党的纲领路线、方针政策、工作任务与工作方法，最及时、最迅捷、最广泛地同群众见面，起到组织、鼓舞、激励、批判和推动的作用。宣传工作贯穿政策制定前、政策执行中和政策实施后。在决策前，通过宣传着力营造良好的思想舆论氛围。在决策贯彻中，加强宣传工作，增加群众的知晓度和理解度，便于在决策实施过程中得到支持和帮助，减小实施过程中可能产生的阻力。在政策实施后，加强宣传工作，及时对决策产生的实效性进行评估和报道，增加群众对政府的信任度。党和政府的决策，可以通过报纸、电视、网络、干部、群众等多种媒介进行传播。毛主席在《对晋绥日报编辑人员的谈话》中说："报纸的作用和力量，就在它能使党的纲领路线，方针政策，工作任务和工作方法，最迅速最广泛地同群众见面。"①毛泽东同志又说："一个人只要他对别人讲话，他就是在做宣传工作。""什么是宣传家？不但教员是宣传家，新闻记者是宣传家，文艺工作者是宣传家，我们的一切工作干部也都是宣传家。"②"群众知道了真理，有了共同的目的，就会齐心来做。群众齐心了，一切事情就好办了。"③然而，在实践中却存在着一些错误的观念，毛泽东同志指出，"在我们一些地方的领导机关中，有的人认为，党的政策只要领导人知道就行，不需要让群众知道。这是我们的有些工作不能做好的基本原因之一"。④

一是决策宣传要早。在重大决策过程中，应坚持宣传先行，让广大干部群众早知道、早了解。同时，决策宣传内容要突出重点、难点，让基层群众易理解、易掌握。充分利用宣传活动、新闻、报刊、网络等多渠道增加公众的知晓度。通过重大决策内容宣传，让广大人民群众了解和领会党

---

① 《毛泽东选集》第 4 卷《对晋绥日报编辑人员的谈话》(一九四八年四月二日)，人民出版社，1991 年版，第 1317 页。

② 《毛泽东选集》第 3 卷，《反对党八股》(一九四二年二月八日)，人民出版社，1991 年版，第 1101 页。

③ 《毛泽东选集》第 4 卷，《对晋绥日报编辑人员的谈话》(一九四八年四月二日)，人民出版社，1991 年版，第 1318 页。

④ 《毛泽东选集》第 4 卷，《对晋绥日报编辑人员的谈话》(一九四八年四月二日)，人民出版社，1991 年版，第 1213 页。

委政府重大决策的目的、意义、内容，实施后就能调动群众贯彻落实决策的积极性，形成贯彻落实的合力。

二是决策宣传要新。决策宣传讲究方法和艺术，着力改进宣传方法，讲究宣传艺术，增强重大决策宣传的吸引力和感染力。尤其要不断改进重大决策宣传报道的形式和手段，用人民群众喜闻乐见、易于接受的方式进行宣传，加强对决策的解读，选择具体事例，采用多种渠道，扩大宣传覆盖面。让党委政府的重大决策转化为广大人民群众的自觉行动。

三是决策宣传要巧。决策宣传要突出宣传时机的巧妙性，要抓住重大决策新出台时广大人民群众和社会各界都比较关注的时机，开展集中宣传，使决策得到迅速而正确的传播和实施。同时，应抓住决策落实过程中的难点、热点，及时回答人民群众最关心、最直接、最现实的问题，以期更好地动员人民群众、引导人民群众，促进党委政府重大决策的顺利实施。

四是决策宣传要好。决策宣传要好，是指宣传的内容、途径和形式要切合群众喜闻乐见的方式，提高宣传的范围和效果。在宣传的内容上，要能将政策的核心内容简单化、标语话、通俗化、生活化。在宣传媒介上，可以充分利用报纸、电视、广播、网络、微信、微博、博客、短信等多种传统宣传媒体和新型宣传媒体，使重大决策做到一定范围内家喻户晓，人人皆知。在宣传形式上，可以通过文字、声像、图画、动漫、标语、卡通等多种形式，把决策的核心内容传达到群众听觉或视觉所能及的范围，便于群众接受、理解和支持。

三、领悟决策

拿破仑说：“世界上有两种东西最有力量，一是剑，二是思想，而思想比剑更有力量。”思维决定行动，正确思维决定正确的行为方向。在领导执行的过程中，前提就是要有正确理解和领悟上级的政策和决策精髓的思维和能力，即领悟决策的思维和能力。思维方向正确，执行起来才不会文不对题，不跑偏走形，才能更好地达到为人民服务的目的。如果连上级的政策和决策的思维、思路、要求、内容、目标是什么都没搞清楚、弄明白，贯彻执行就无从谈起。领导执行前必须认真学习领会，力求全面准确地理解、领悟和掌握上级政策和决策的精神实质。按照它的精神实质去指导和贯彻、落实、执行工作，才能保证和提高实际的效果。每一个领导干部都要具备一定的对上级政策和决策的理解力、领悟力，即正确理解上级政策和决策内容和精神实质的能力，主要表现在正确判断形势的预测力、科学把握全局的领会力、推动组织执行的计划力上。“没有金刚钻，不揽瓷器活。”领导干部对上级的政策和决策的理解，主要是在思维上搞清楚：“是什么、为什么、怎么看和怎么办”问题。党的路线、方针、政策，只有通过各级领导干部的透彻领会、深刻把握和高度认同，才能变成一种自觉的执行力量，才能使执行更加全面、规范、完整、准确，保证党的各项方针、政策以及规章制度真正落到实处。

四、组织实施

执行的过程是一种组织行为，离不开分工协作，这就需要统率和调动各方力量，发挥各种积极性，最大限度地发掘各种资源，有效地进行组织实施。实践证明，杂乱无章的行动是无法实现执行的要求的，必须通过精心组织，周密部署，细心安排，实现各种要素的协调或平衡，才能形成有效的执行。协调效应实现的程度，有序状态建立的各种实际态势，直接影响着执行的质量，影响着决策目标能否实现和绩效的大小。毛泽东同志曾指出：“政策是革命政党一切实际行动的出发点 并且表现于行动的过程和归宿。一个革命政党的任何行动都是实行政策。”在组织实施上级政策和决策的过程中，要把握好以下环节：制订方案、建立组织、细化责任、完善制度、规范流程、动员部署。

一是制订计划。在贯彻落实上级的政策和决策时，首先，必须制订一个执行计划，将执行必需的“人、财、物、事、术”科学合理地安排到执行过程所必经的特定时间和空间内。计划中明确执行的“任务书”“时间表”“路线图”，并安排好“谁执行”“谁协同”“谁负责”，确保去执行、去协同的人能够将事情做正确、落实好。其次，对执行难点进行预测并提出应对的初步方案。执行的每一个环节都会有一些异常现象，这在管理中经常遇到，如果处理不好，就会影响整体的执行效果。管理者对异常现象或某些难点预想得越充分，提出的应对之策越合理，执行效果就会越理想。

二是建立组织。在对上级政策和决策执行的过程中，需要一定的组织设置作为保障。通过设计和维持一定的组织结构，协调相互之间的关系，使人们为实现确定的目标而有效工作。组织结构是执行力的实施基础。组织结构决定执行管理的层次，管理的层次越多，决策被执行的力度就越弱。因此要尽量减少执行的中间环节，实行扁平化管理。在领导执行活动过程中，正确运用组织赋予的权力，协调组织关系，合理调动、利用、配置和开发各种资源，高效实现目标任务。

三是任务分解。在组织实施上级决策和政策的时候，要学会运用“瓜子理论”。所谓“瓜子理论”，就是要学会分解任务，把复杂的任务分解成若干个小的简单易完成的任务，再把这些小的容易完成的任务分配到下属手中，让下属乐于接受任务，通过完成任务，展示成绩，享受激励。执行就像一台精密运行的钟表，需要每一个部件都承担一定的功能且互相配合，才能准确无误地运行。要根据执行任务的总目标和组织成员的个人能力，对执行任务进行合理分解，落实到每一名成员的身上，明确每一名成员的任务和责任。坚持人岗适宜的原则，通过任务分解，明确责任，最大限度发挥个体积极性和主动性，提高执行的效率。

四是完善机制。对上级政策和决策有效执行离不开一定机制的保证。执行机制主要包括任务分解机制、执行情况报告和通报机制、责任协调机制、督导检查机制等。这些机制相互作用，形成合力，构建成了横向到边、纵向到底，一级抓一级、层层抓落实的执行体系，共同推动执行活动的开展。通过分工负责机制，把决策任务目标层层分解、逐项落实到每一位分管领导、每一个工作部门、每一位领导干部。做到事有专管之人、人有明确职责、责有限定之期。执行情况报告和通报机制，执行责任人定期向上级报告工作任务完成情况，包括执行情况、存在问题、对策建议等，没有按照要求完成任务的，要报告原因和整改措施。上级对下级执行情况进行通报，特别是对社会公示或听证的重大决策和工作部署进展情况还要及时向社会公布。责任协调机制，对涉及需要多部门、多地区共同配合完成的工作任务，可以专门指定协调负责人或协调部门，其他按照有关部门和人员的分工密切配合、抓好落实，确保高效有序运转。督导检查机制，确保对重大事项、重要工作、重点项目等台账进行督导检查，视情随时调度、定期通报。因而，执行的过程中，要不断健全和完善这些机制，并合理处理这些机制之间的关系，发挥最大效力，提高地方政府执行效率和效应。

五是规范流程。为了提高执行的效率，消除执行效率低下、资源浪费等现象。在执行过程中要做好指挥、控制、协调、监督等环节，目的在于进行有效控制。通常在执行过程中要做到：复杂的过程简单化，简单的东西定量化，定量的因素流程化，流程的过程规范化。通过规范的流程把一个或一系列连续有规律的行动固定化，这些固定化的行动以确定的方式发生或执行，导致特定结果的实现。要彻底消除低效执行，必须制定与工作实际相匹配的运行流程，规范做事方式，优化做事程序。正像海尔集团首席执行官张瑞敏所说的，“管理就是擦桌子”，在哪里擦、谁来擦、什么时候擦、谁来检查擦的效果都有着严格清晰的规定。

六是动员部署。在执行的方案、组织、责任、制度、流程都准备就绪的情况下，为了更好地做好执行落实工作，最好以恰当的方式，围绕“做什么、怎么做、谁来做、何时做、做成何样”进行动员部署。可以视执行政策和决策的性质、重要程度，采用口头传达、会议传达、文件传达的形式进行安排部署。对于重要的而且紧急的执行事项，应该选择文件 + 会议的形式进行。在会议期间，也可以安排短期培训或以会代训的方式，提高大家对执行重要性的认知和如何执行的能力提升。

五、督导检查

督导检查是推进执行落实情况的有效推手。在执行目标任务动员部署下去之后，要根据时间节点或任务完成节点情况，安排督导检查。督导检查必须贯穿于决策执行的整个过程，形式可以多样化，通过听、看、访、评，熟谙执行中的全部情况，并对可能出现的问题超前防范，掌握指导工作的主动权。执行情况实行重点事项全程督查、紧急事项即时督查、日常事项定期督查，多管齐下，立体约束，确保政令畅通和各项执行工作顺利落实。

一是在执行过程中，要依据计划设计的“任务书”“路线图”“时间表”，对关键环节的执行情况进行核查，看是否达到了预期目标，在各个阶段都要检查组织工作的进度，把握整体进展情况。对于严重影响整体进度的情况进行分析，督促加快进程，以保持整体执行顺利。对于超出整体进度的情况，也要进行深入分析，看看是个人能力问题还是任务分派问题，以便进一步做出调整。要严格督导检查责任制落实情况，专人负责情况，领导负责重要工作分工情况等。

二是及时掌握影响执行的物质条件、环境条件、人员情况的变化，并根据不断变化的情况进行评估，适时进行一定的调整。要加强过程的控制。要按既定的目标和标准进行监督、检查，发现偏差及时纠正，使工作按计划稳步推进；要对执行过程中出现的新情况、新问题进行反复研究、做出调整，牢牢掌握主动权。

三是在执行过程中，往往会发现一些突发性问题，要依据危机的情况，及时向上级报告，并分析问题所在，提出解决的初步方案，积极参与危机处理，把危机的影响降到最低程度，保证执行目标的实现。同时，根据危机的影响程度，必要时应调整执行目标，确保最大限度地实现组织目标和决策任务。

四是执行过程中充分发挥制度作用。要提高执行力就必须建立严格的保障执行制度。制度具有权威性，它决定着执行过程中执行者如何有所为和如何有所不为，以及具体如何去执行，执行的方向如何保证，执行应坚持哪些原则和依照哪些步骤，对执行如何监督和检查等，所有这些都需要制度来保障。因此我们必须建章立制，用制度保障执行，做到有章可依、有章必依、违章必究。对于不履行法定职责、执行不到位甚至不作为、乱作为的，应严肃追究其相应责任，从而做到有效监督，政令畅通。

六、绩效评价

绩效评价是衡量执行是否落实到位和是否达到应有效果的标尺。根据执行情况的绩效评价结果，可以总结经验教训，不断改进工作，更好地促进工作的落实。在评价执行结果时既要考量目标任务完成情况，还要考虑其执行成本，也要注意由此产生的社会效益和环境效益。为此，科学的绩效评价是推动和提高执行速度、力度和效度的重要措施。

只有实行绩效评价，制定有可操作性的绩效评价指标体系，量化每个部门的工作成本和工作效率，直观反映执行力情况，才能有效地对执行的投入、产出，执行的效率、效果，执行的范围大小、强弱进行评价，才会提高领导干部的积极性，避免干好干坏一个样，干多干少一个样。

只有实行绩效考评并严格实行工作绩效考评定期制，努力拓宽考评渠道，让专家、公众等第三方参与评议，确保考评的公平公正。对决策、部署执行不力的领导干部，追究相关的责任，该撤职的撤职，该处分的处分。旗帜鲜明地关心、支持和重用那些讲真话、干实事、敢抓敢管、执行到位的领导干部。

只有实行绩效考评，建立一套监督机制，把考评的主动权、考评结果的使用监督权交给人民，而不是流于形式，所有考评内容向社会公开，舆论机构进行全方位的监督，以增强考评过程中的透明度，让绩效考评的操作过程完全暴露在阳光之下，对领导执行过程进行公开透明的监督，促进执行活动有效开展。

七、兑现奖惩

激励是管理心理学上一个非常重要的功能，是管理心理学的核心问题，也是管理心理学研究的热点问题之一。激励就是调动人积极性的过程。有实验证明，人在无激励状态下，仅能发挥潜力的10%—30%，在物质奖励作用下，能发挥自身潜力的50%—80%，在适当的精神激励下，可发挥潜能的80%—100%。领导重在用人，用人重在激励，激励旨在凝聚。[①] 古

① 陈宝生主编，《领导力与领导艺术》，人民出版社、党建读物出版社，2015年2月1版，第65页。

人云“矢不激不远，人不励不奋”。美国通用公司CEO杰克·韦尔奇说：“我所做的最重要的一件事就是论功行赏，奖惩分明。”激励大师金克拉曾说：“你若想成为人群中的一股力量，便必须掌握激励，生活就是这样，你把它放入自己所处的人际中，人们就记得你、信任你，就像黑夜相信灯光一样。”兑现奖惩就是激发领导干部执行的能力和潜能，充分发挥他们的积极性和创造性，从而更好地实现组织目标。提高执行力只靠喊口号无济于事，必须运用绩效考核结果形成奖勤罚懒的激励机制，激励到位，奖惩分明，才能提高工作积极性。对真抓实干、能干善干的干部要在政治上予以重用、精神上予以鼓励，不断激发广大干部提高执行力的主动性和积极性，形成强大的推动力量。对于做得不好的、不到位的，提出整改意见，以便不断提高。对于违规违纪的，坚决按照规章制度，给予相应的处理。在激励的过程要把握以下几点：

一是把执行的评价结果与激励结合起来。绩效评价结果重在运用，要根据结果有针对性地进行激励，或奖或罚。二是物质激励与精神激励并重。希望管理理论认为，通过物质或精神等一系列管理手段激发员工的希望，从而达到激励员工的目的。除了给干部职工提供比较丰厚的物质待遇外，还要注重精神激励，如表扬、提拔、创造宽松的工作环境等。激励按照内容可以分为：目标激励、期望激励、责任激励、危机激励、奖励激励。当然，在实际运用过程中可以组合运用。三是奖励与惩罚并用。惩罚绝不等于体罚，更不是心灵伤害和人格歧视，惩罚的目的不是让人觉得难堪，打击人的自尊和自信，而是让其反思自身工作的不足，改进工作方法，提高工作能力，达到组织要求。当然，惩罚的前提是了解、尊重与信任，在顾及对方承受力与尊严的前提下，不要对惩罚的后果有过多的顾虑，否则会让惩罚的效果打折扣。人们在挨批评、扣奖金福利、末位淘汰等危机面前，必定会加倍努力干事。当然，奖励要适当合理，惩罚也要讲究方式，让人心服口服。四是奖励过程要讲究方法。奖励要坚持“公开”，保障相对人的知情权，防止“暗箱操作”。奖励要坚持“公平”，是对人人平等和机会均等，避免歧视对待。奖励要坚持“公正”，就是要坚持正义和中立，防止徇私舞弊。美国心理学家亚当斯认为：人们总是要将自己所做的贡献和所得的报酬和一个自己条件相当的人做比较，如果这两者相当，双方都会有公平公正感，否则，即使奖励很重，仍会引起不满。另外，奖励要坚持及时原则，若不及时，会让人有接受空头支票的感觉。在等待奖励的时间里，工作积极性受到明显影响。唐代著名政治家柳宗元有言：“赏务速而后有劝。”意思就是，奖赏只有及时实现，才能达到勉励的效果。

八、总结反思

总结，是对过去一定时期的工作学习或思想情况进行回顾、反思、分析，并做出客观评价。反思是指回头、反过来思考的意思。习近平总书记强调，工作中的经验是财富，工作中的教训也是财富，关键在于是否善于总结。俗话说：“小总结，小收获；大总结，大收获；不总结，不收获。”只会埋头拉车，不会抬头看路，这样只能是蛮干硬干、原地打转。人类总是不断地总结经验，有所发现，有所发明，有所创造，有所前进。古希腊三贤之首、有西方孔子之称的苏格拉底（公元前 469—前 399 年）他曾自问自答：“什么是哲学？”“认识你自己（know yourself）”。2500 多年后的 1964 年 8 月 24 日毛泽东也自问自答，“什么叫哲学？哲学就是认识论”。毛泽东同志说过：“我是靠总结经验吃饭的。”“以前我们人民解放军打仗，在每个战役后，总来一次总结，吸取过去正反两方面的经验。发扬优点，克服缺点，然后轻装上阵，继续前进，从一个胜利走向另一个胜利，终于建立了中华人民共和国。”在反思中吸取教训，会反思是一种智慧，反思是纠正错误的第一步，能够反思是有理性的表现。反思有助于总结经验教训，不断反思，才能不断完善，在反思中寻求进步。总结反思是领导执行整个活动过程不可缺少的一部分。很多人往往忽视该阶段存在的必要性和重要性，认为兑现奖惩活动结束，整个领导执行的活动就结束了。领导执行活动是个持续的过程，这个执行活动的结束，预示着下个执行活动开始。为了不断提升领导执行的水平，就要学会善于对每一个阶段性执行活动的结束，回顾反思，总结经验，查找不足，修正错误，目的是做好下一个执行活动。在反思总结的过程中，再不断改进我们的工作思路、工作方法、工作作风，不断地严明工作纪律、提高工作效能、优化服务质量、规范工作流程、完善工作制度，推动下一个执行活动更好更快地完成。“总”是“结”的依据，“结”是“总”的概括。只有善于总结，才能全面、系统、客观、辩证地看待事物发展，使思想永不停滞、永不保守、永不落后。清朝大政治家曾国藩自认为生性驽钝，天资平平，但每天坚持写日记，从不间断，一点点地总结经验得失，思考工作方法，日积月累成为了一代名臣，超越了同时代那么多能人，连毛主席都称赞他“余于近人中，独服曾文正也”。只要养成时时总结、事事总结、处处总结的习惯，总结工作的成功之处和失败之源，逐渐形成对工作全面、系统、本质的认识，执行能力就会在不知不觉中得到提升。

C H A P T E R 0 4

第四章

领导执行的“领导”方法

领导方法，就是领导者为达到某种领导目标而进行认识活动和实践活动的方式和手段。因为领导工作是认识活动和实践活动的统一，因此，简单地说，领导方法就是领导者从事领导活动所运用的方式和手段。“领导”，在汉语的解释中，从广义上包括了统领、领会、率领、引导、指导、督导等多层意思。作为“火车头”和“领头羊”的领导如何发挥领导过程中的领导和执行的作用，必须科学地领会和执行好“领导”方法，才能有效地发挥执行的效果。通常作为领导执行中的“领导”方法主要包括以下六种。

一、统领

汉语中对统领的解释就是统率、驾驭全局的意思。把统领作为领导执行的“领导”方法之一，就是作为领导要有统率全员，统领全局的意思。自古就有“不谋全局者，不足谋一域，不谋长远者，不足谋一时”之说。具有全局观念、能够驾驭全局是领导干部执行能力的重要组成部分。领导干部在执行过程中要提高驾驭全局的能力，力求做到三点要求。

一是政策要“通”。政策是开展各项工作的行为准则。只有对各项政策学得透、吃得准、把握得准、运用得好，工作起来才会游刃有余。二是心中有“向”。“向”就是方向、精神。精神是人的意识、思维活动和一般心理状态，亦指一个组织或一个人表现出来的活力。高明的领导者总善于从大家的根本利益出发，提出大家所关注、热心追求的某种目标，以此产生感召力、吸引力和约束力，使下属自觉地聚集在这种精神旗帜之下，并为之努力奋斗。三是胸中有“略”。“略”即方略，方略是全局的计划和策略，也叫战略，包括战略思想、战略目标、战略重点、战略措施等。领导者具备的统领全局能力在执行过程中能够起到凝聚人心、统一思想、统一意志、统一行动、统一部署的作用。

二、领会

领会，其含义为领悟了事物中蕴含的道理并对其深有体会。领会是建立在对某一特定事物进行深入思考与悉心体悟的基础之上的。可以说，领导干部不仅是政策的制定者，更多时候是上级政策的贯彻执行者。领会作为领导执行的一种“领导”方法，也就是在工作中深入思考、悉心领悟的基础上正常发挥领导作用，其关键是完整正确地理解、领会上级的意图，领会上级在布置工作、下达任务、发出指令时的本意或精神实质，希望达到某种目的或标准。

“失之毫厘，谬以千里。”只有把上级的意图领会准确、领会透彻，才能找到合理的思路对问题进行合理研究，执行任务才能准确到位。例如，红军长征，因为各级干部领会了中央的正确意图，所以坚定了信念，成功躲避了敌人的围追阻截，战胜了敌人进而实现了中华人民共和国成立这一宏伟目标。如果不领会上级命令或决策的意思，就妄下结论，急着进行实践，那么对政府或者国家将造成巨大的损害。所以领会对于领导者和被领导者来说起到极其重要的作用。

三、率领

率领，也称带领，侧重于队伍或集体等的意思。一个优秀的队伍或集体历来都是干好工作、成就事业坚实的基础。而领导率领队伍的能力，往往是领导执行的关键。领导如何带好队伍，带出一支优秀的队伍?

一要靠氛围。在团队中营造积极向上，勇于争先的氛围和各司其职、团结协作的意识。领导干部要做出示范，发挥风向标、掌舵手作用，积极鼓励团队每个成员扬长避短、通力协作，围绕共同的目标努力工作。二要靠原则。做到公平合理、赏罚分明。《孙子兵法》中就把“将领孰能，赏罚孰明”作为考量战争能否胜利的因素之一。领导只有坚持原则，尽力做到公平合理、赏罚分明，能保证队伍中的每个成员拥有良好、公平的竞争环境，才能保证队伍始终保持积极向上、攻坚克难的斗志。三要靠沟通。一个队伍由各类人组成。人和人之间难免会产生各类矛盾；每个人都有物质、精神方面的需求，也会产生矛盾。要保持队伍和谐稳定，平稳发展，善于沟通和平衡，尤为重要。善于沟通可以及时了解下属的需求和想法。善于平衡可以及时消除矛盾、避免冲突，实现和谐稳定。由此可见，领导率领的重要意义就在于他能把很重要的信息传递给被领导者，从中聆听被领导者的建议并果断做出正确判断，传达给下属执行。

四、引导

引导在汉语词典中意为：是指通过行为帮人走出困境，或是带着人向某个目标集体行动。引导者总是在被引导者的前方，可以是行为、动作上先进，可以是思想上先进或技术上先进等。引导者处于主动地位，被引导者就是处于被动位置。但引导又跟驾驭有所不同，驾驭者总是在后边，更不是凌驾于马背之上。可以形象地比喻为战场上军官发出的命令，是“跟我上”还是“给我冲”。

引导作为领导执行的一种“领导”方法就是作为领导要有引导全员，引导队伍向前进。领导干部有效地说服、指导、影响部属，不仅靠手中的权力，还要靠品德和能力。后者是基础，前者是后者的必然。只有前者，没有后者，基础不牢，所拥有的权力会显得苍白无力。要成为引导者，一方面要成为做好本职工作的行家里手，另一方面更须具有高尚的道德风貌、良好的思想品格和较高的群众威望。威望来自领导者的德、识、才、学诸方面的良好素质，它是在崇敬和信赖的基础上产生的一种甘愿接受对方领导和支配的心理因素，是一种实际的权力和无形的力量。现代政治学理论普遍认为，威望的概念往往同政治的合法性联系到一起。在威望起作用的情况下，人们倾向于自动地、不假思索地、不瞻前顾后地按照领导的吩咐行事。因此，领导干部一定要不断地加强修养、努力实践、刻苦学习，抓紧提高自身各方面的修养，成为本领域的专家，展示人格魅力，以德服人、引导人。

领导是重大决策的引导人：在某些重大决策方面领导的引导起到重大作用，例如针对台湾的“一国两制”，就是邓小平在根据台湾与大陆的发展状况为引导两岸经济社会和谐所提出的重大决策。领导良好的引导可以增强被领导者的信任或者说人民群众的信任：抗日战争的胜利，中华人民共和国的成立就在于人民对共产党领导者引导的信任，跟随党的步伐不走弯路、大胆向前迈进。正确的引导可以促进国家经济的发展：领导不仅仅是社会的管理者，更是经济发展的引领者，领导者可以对所管辖地区的经济发展给予引导，使下属执行正确的经济政策让地方经济得以发展，从而扩展到整个国家的经济发展。正确的引导可以促进和谐社会的发展，可以贯通下属或者人民的思想，减少思想分歧，从而构建和平的社会发展道路。

五、指导

古汉语中指导亦作“指道”，意为教导、指示引导，强调的是一个“教”字。中国自古就有“民以吏为师”的传统。下级也往往把领导看作自己的老师、师长，在工作、生活、学习等各方面寻求上级的帮助和指导。作为领导，指导下属是日常工作中最重要的职责之一，而且指导必须是经常性的，而不是要等到问题发生的时候才去指导。通过经常指导，确保下属从一开始就能把工作做正确，这样可避免问题产生以后再花大量时间去解决的弊端。

在工作中，领导的指导作用可分为三类：一是具体指示，对于那些对完成工作所需的知识及能力较缺乏的下属，常常需要给予较具体指示型的指导，将做事的方式分成一步一步的步骤传授并跟踪完成情况。二是方向引导，对那些具有完成工作的相关知识及技能，但偶尔遇到特定的情况就不知所措的下属给予适当的点拨及在大方向上指引。三是鼓励建议，对那些具有较完善知识及专业化技能的人员给予一些鼓励或建议，以促进更好的效果。通常情况下，领导指导一般以一种积极的方式开始，强调辅导的目的和重要性，强调大家的想法对此次讨论的意义，描述将要讨论的具体内容以及讨论的原因。然后是详细询问具体进展情况，以便收集到真实的情况。最后提出自己的见解和具体建议以及期望达成的结果。

作为领导，做好指导工作可以使下属明白如何完成工作，明晰目标期望，对工作和监督满意，对组织满意，减少下属压力，改善工作效益。还可以增强组织的凝聚力，促进团队成员向良好关系发展，减少下属辞职意图，使整个团队致力于完成预期目标，提高工作效率。

六、督导

督导，就是监督指导，代表着上级对下级进行监督指导的一种职责和活动，处在一个承上启下的地位。上级或上级主管部门对下级或下级主管部门在业务上的监督指导是一种职责，上级通过定期或不定期的检查，发现问题及时指出，或是通过对工作人员进行培训，提高工作水平，或是及时答复下级提出的问题，或是对一些共性的问题进行研讨，或是对上报的文书进行评查，发现问题及时纠正，这些都属于督导的范畴。从政治学理论上讲，监督还有另外一层意思，监督的实质，就是实现对权力的监督，以保证对权力的正确行使。

各级领导干部手中都掌握着大小不同的权力。但掌权者往往面临着多种考验，一是滥用权力。孟德斯鸠曾经说过："一切有权力的人都容易滥用权力，这是万古不变的一条经验。""有权力的人使用权力，一直到遇有界限的地方才休止。"权力拥有者总是倾向于把权力运用到极致，一直到有障碍为止，而滥用权力必然导致腐败。二是为追求个人利益而牺牲公共利益。掌权者在运用权力过程中，存在着追求个人利益与实现公共利益界限模糊甚至直接冲突的可能性。他们在代表公共利益的同时，也会追求一定的个人利益。这种"双重利益代表"的身份，客观上可能使其发生角色错位，为了实现个人利益最大化而不惜影响公共利益的实现，其行为过程则可能表现为以权谋私。三是权力"寻租"。公共权力作为一种稀缺资源有着大量的"寻租"机会。没有权力的人为了实现非权力无法达到的目的，就会想方设法通过利权交换形式，使别人的权力为己所用。面对这些问题，领导干部除了严格自律自觉接受监督外，还必须牢固树立"加强监督是本职、放弃监督是失职、疏于监督是不称职"的思想观念，强化好监督意识，履行好监督责任。

做好督导工作可以担负起对工作以及下属的责任：在工作中遇到重大决策时，督导就会认真思考并果敢地做出正确决定，即使做出的决定出现错误，督导也会勇于承担，所处部门的同事出现矛盾或分歧时督导会以权威方式或正确合理的方式处理同事或者人民之间的关系，安抚下属对于改革所出现的抵触情绪。可以及时和准确地反馈并激励下属对某一件事进行高质量的追求，当下属在执行某一决策出现错误时，督导会及时做出指引并帮助下属更正决策，把决策做到接近完美，从而把工作做到最好。可以共享信息，鼓励职工参与决策制定，好的督导一般不会让下属过于依赖自己，他会鼓励职工参与决策制定。可以从组织发展而不是小群体的角度理解什么是必要的积极适应变化和执行新决策，面对决策督导可以判断出在什么时候、什么地方、执行什么样的决策最为合理，让下属作为明确的目标去执行。

CHAPTER 05

第五章

影响领导执行的重要因素

在我党历史上，毛泽东曾以实干著称。毛泽东曾在党内多个场合提出或题写“实事求是，不尚空谈”“深入群众，不尚空谈”“实事求是，力戒空谈”等口号，就是为了纠正党内曾普遍存在的主观主义与教条主义的严重毛病，引导全党向实践学习、向群众学习，从而形成一切从实际出发、一切依靠群众的良好风尚，形成真抓实干、求真务实的优良作风。改革开放的总设计师邓小平同志说“不干，半点马克思主义也没有”“要多干实事，少说空话”“深圳发展这么快，是靠实干干出来的，不是讲话讲出来的，不是靠写文章写出来的……”习近平同志也多次强调：“空谈误国，实干兴邦。”在建设中国特色社会主义事业的进程中，我们党和各级领导干部的领导执行能力不断加强，保证了党的路线方针政策的贯彻落实，中国特色社会主义事业也得以不断向前推进。

然而，也必须清醒地看到，少数领导干部在领导执行党的路线、方针、政策和各项工作中，也出现了一些不尽如人意的地方。如在执行上不敢动真碰硬，回避矛盾、掩盖问题；执行上采取实用主义态度，有利的就执行，不利的就变通，搞“上有政策，下有对策”；执行上先紧后松、时紧时松，搞“一阵风”，缺乏一贯性；执行上以原则对原则、以抽象对抽象，不注重从实际出发、创造性地开展工作等。造成上述在领导执行中出现的现象，其根本原因在于一些领导干部执行思想、素质和能力不足，而影响其领导执行因素，主要有四个方面因素：认识因素、能力因素、机制因素、制度因素。

一、认识因素

马克思主义哲学中，认为认识从实践中产生，随实践而发展，认识的根本目的是实践，认识的真理性也只有在实践中得到检验和证明；认识的发展过程是从感性认识到理性认识，再由理性认识到能动地改造客观世界的辩证过程；一个正确的认识，往往需要经过物质与精神、实践与认识之间的多次轮回。同时，社会实践的无穷无尽决定了认识发展的永无止境。在执行过程，有的领导干部没有进行认真深入的分析判断，没有充分预测执行过程中可能出现的问题和偏差，只看目标，不看过程；只重视布置工作，不重视检查；甚至有的工作往往眉毛胡子一把抓，到处是重点，到处是关键，结果是工作偏离重心，执行力大打折扣。毛泽东说过："世界上怕就怕认真二字，共产党最讲认真。"领导干部执行不力，其中一个最重要的原因是责任意识的淡薄。当前我们有些领导干部工作上不认真，马虎大意。在贯彻执行上级指令时，干部队伍中不同程度、不同方式地存在着执行态度不够坚决，主动性不强的问题。比如，有的领导干部在执行中遇到困难就知难而退；有的领导干部面对新情况、新问题、新矛盾，不敢勇于面对，久拖不决；有的总是局限于条条框框，畏首畏尾、左顾右盼，不知变通，生怕丢了乌纱帽等。存在这些问题的根本原因就是执行意识和责任感不强，缺乏干事创业的勇气，缺乏克服困难的坚强毅力。

当前领导干部执行力不强的思想认识原因主要有以下几点：一是封建主义腐朽思想的影响。一些领导干部封建特权思想比较严重，习惯把个人意志凌驾于制度之上，常为感情、面子等突破制度规定，导致违反制度的现象时有发生。二是社会转型的特殊环境。社会转型时期的深刻变革使一些制度出台不久就滞后于形势发展的需要，这在客观上弱化了制度的执行力。同时，市场经济的负面影响使一些领导干部理想信念动摇，价值观念日趋功利化，为谋求个人利益而规避制度约束。三是党性修养不强。有的领导干部在领导执行上不能做表率，对他人则奉行好人主义，在监督执行上失之于软、失之于松、失之于宽。四是执行导向不强。现实生活中，一些人投机取巧、不按规定执行，非但没有受到追究，反而得到了好处，这大大损害了干部对执行的认知。

如何提高领导干部领导执行的思想认识水平呢？一是狠抓学习教育。以“两学一做”为契机，进行“学党章党规、学系列讲话，做合格党员”学习教育。这是为了深入学习贯彻习近平总书记系列重要讲话精神，推动全面从严治党向基层延伸，巩固拓展党的群众路线教育实践活动和“三严三实”专题教育成果，进一步解决党员队伍在思想、组织、作风、纪律等方面存在的问题，保持党的先进性和纯洁性。要把思想建设放在首位，以尊崇党章、遵守党规为基本要求，以用习近平总书记系列重要讲话精神武装全党为根本任务，教育引导党员自觉按照党员标准规范言行：进一步坚定理想信念，提高党性觉悟；进一步增强政治意识、大局意识、核心意识、看齐意识，坚定正确政治方向；进一步树立清风正气，严守政治纪律政治规矩；进一步强化宗旨观念，勇于担当作为，在生产、工作、学习和社会生活中起先锋模范作用，为党在思想上、政治上、行动上的团结统一夯实基础，为协调推进“四个全面”战略布局、贯彻落实五大发展理念提供坚强组织保证。

二是坚定理想信念。正如习近平总书记在中国共产党成立95周年大会上所指出的，理论上清醒，政治上才能坚定。坚定的理想信念，必须建立在对马克思主义的深刻理解之上，建立在对历史规律的深刻把握之上。要深入学习马克思列宁主义、毛泽东思想、邓小平理论、“三个代表”重要思想、科学发展观，深入学习党的十八大以来党中央治国理政的新理念、新思想、新战略，不断提高马克思主义思想觉悟和理论水平，保持对远大理想和奋斗目标的清醒认知和执着追求。要教育引导广大党员、干部把学习成果转化为提升党性修养、思想境界、道德水平的精神营养，做到真学、真懂、真信、真用，在胜利和顺境时不骄傲不急躁，在困难和逆境时不消沉不动摇，牢牢占据推动人类社会进步、实现人类美好理想的道义制高点。要坚持中国特色社会主义道路自信、理论自信、制度自信、文化自信，坚持党的基本路线不动摇。

三是加强自身建设。严格要求自己，要以更加坚定不移的决心和更加有力的举措加强自身学习和作风养成。要严格要求自己，自觉从我做起，从现在做起，始终保持廉洁奉公，自觉抵制不正之风，坚决守住做事、做人的底线，永葆共产党员的政治本色。坚决落实“八项规定”和“三严三实”要求，做廉洁自律的表率。树立党员干部艰苦奋斗、勤俭节约、亲民为民、求真务实、清正廉洁的良好形象。

四是必须切实改进作风。密切联系群众，做中华民族优秀传统和党的优良作风的主动落实者和积极倡导者。要把密切联系群众摆在重要位置，牢记全心全意为人民服务的宗旨。要紧密联系实际，切实做到为基层服务，为职工群众服务。要狠抓各项工作的落实，做锐意创新的大胆探索者和推动科学发展的具体落实者。要多深入基层单位，多深入调查研究。要密切联系职工群众，完善各项工作制度，为基层、为职工办实事。

二、能力因素

领导干部是我们党领导执行的骨干力量，其能力水平的高低直接决定了领导执行结果的好坏。党的十八大以来，以习近平同志为核心的党中央，高度重视干部队伍建设。他强调指出，面对复杂多变的国际形势和艰巨繁重的国内改革发展任务，实现党的十八大确定的各项目标任务，关键在党，关键在人。关键在党，就要确保党在发展中国特色社会主义历史进程中始终成为坚强领导核心。关键在人，就要建设一支宏大的高素质干部队伍。治国先治党，治党先治吏。目前，我们党面临着“四大考验”，即执政考验、改革开放考验、市场经济考验、外部环境考验，这些考验是长期的、复杂的、严峻的；同时我们的领导干部面临着“四大危险”，即精神懈怠的危险、能力不足的危险、脱离群众的危险、消极腐败的危险，这些危险更加尖锐地摆在全党面前，落实党要管党、从严治党的任务比以往任何时候都更为繁重、更为紧迫。其中，领导干部的能力不足危险，是影响领导执行的关键因素。

领导干部的能力因素包括潜在的能力素质和显在的能力水平。我们面临的执行环境日益复杂、执行任务日益艰巨、执行对象不断变化，过去有效的执行经验今天可能会变得毫无用处。因此，领导干部必须加强学习不断提升自身的能力素质和能力水平。只有能力素质高、能力水平强的干部才有执行的底气和勇气。执行是多种能力素质和能力水平的展现，它体现为一种总揽全局、深谋远虑的洞察力，不拘一格的突破性思维方式，一种“设定目标，坚定不移”的态度，一种雷厉风行的管理风格，一种勇挑重担的工作作风。要通过学习不断提升领导干部的领导执行能力：驾驭市场经济、破解发展难题的能力，协调各方关系能力、化解各种矛盾的能力、自主创新能力、领导科学发展能力、坚持公平正义能力、依法行政能力。

领导干部的能力素质和能力水平状况直接影响和决定领导执行的效果。群众在拥护、赞扬政策的同时，也批评个别干部“歪嘴和尚念坏了经”，这就是在讲执行者的能力问题。决策执行者能力涉及的内容很多，有对决策的理解能力，有对客观条件的认识水平，有工作中的组织协调能力、对政策的把握能力，也有做群众工作的能力水平，等等。其中，执行者的立场、观点、方法，这是最根本的能力因素，即能力素质。在决策执行中，各级领导干部都要坚持站在党和人民的立场上想问题、干事情，坚持科学发展和正确的价值观、政绩观，做到一切从党和人民的利益出发，而不是从个人或小集团的利益出发。在执行中必然会涉及利益调整的情况，正确的立场和基本的觉悟尤为重要。这个问题解决不好，执行肯定要走上斜路。为此，作为执行者的各级领导干部必须注重党性锻炼，在能力素质培养中把觉悟和党性的提高放在首位，为领导执行提供可靠的政治思想保证。习近平总书记在 2009 年 3 月 1 日中央党校春季学期开学典礼上强调指出：领导干部要加强党性修养，提高综合素质。坚强的党性，是成为高素质领导干部的首要条件。各级领导干部要加强理论修养，真正掌握马克思主义的立场观点方法，坚持以与时俱进的态度学习和运用马克思主义理论；要加强政治修养，增强政治信念的坚定性、政治立场的原则性、政治鉴别的敏锐性、政治忠诚的可靠性；要加强道德修养，不断提高道德认识、陶冶道德情操、锤炼道德意志、提升道德境界；要加强纪律修养，增强纪律观念，自觉在思想上、政治上、行动上同党中央保持高度一致，确保政令畅通；要加强作风修养，做到执政为民有新举措、求真务实有新要求、廉洁从政有新成效。

学习力是我们领导干部的一项基础能力，是领导干部最核心、最本质的能力，其学习力的强弱直接决定和影响着领导能力高低。国际组织学习协会创始人彼得·圣吉说过，现在的社会竞争不是取决于你学不学习，而是取决于你比对手学得快。提高各级领导干部领导执行科学发展的能力，是当前干部队伍建设的一项根本任务。各级领导干部要提高领导执行的能力，必须努力提高以下六个方面的基本能力。一是要提高统筹兼顾的能力，善于运用唯物辩证法认识和处理问题，既统揽全局、统筹规划，又在重点突破中推动工作协调发展。二是要提高开拓创新的能力，善于根据事物发展的客观规律推动思维创新、方法创新、实践创新、制度创新，创造性地开展工作。三是要提高知人善任的能力，善于发现人才，正确识别人才，科学评价人才，合理使用人才，把各方面优秀人才汇聚到党和国家事业中来。四是要提高应对风险的能力，善于对各种可能出现的风险进行科学预判和超前准备，增强临机处置能力，化风险为机遇，化被动为主动。五是要提高维护稳定的能力，善于见微知著，增强维护稳定的果断性，及时化解矛盾纠纷，妥善处理群体性事件。六是要提高同媒体打交道的能力，尊重新闻舆论的传播规律，正确引导社会舆论，要与媒体保持密切联系，自觉接受舆论监督。

三、机制因素

机制原指“机器的构造和工作原理”“有机体的构造、功能和相互关系”“某些自然现象的物理、化学规律”“一个工作系统的组织或部分之间相互作用的过程和方式”等。理解机制这个概念，最主要的是要把握两点：一是事物各个部分的存在是机制存在的前提，因为事物有各个部分的存在，就有一个如何协调各个部分之间关系的问题。二是协调各个部分之间的关系一定是一种具体的运行方式。机制是以一定的运作方式把事物的各个部分联系起来，使它们协调运行而发挥作用的。领导执行为了更好地取得满意的实效，在领导执行的过程中必须完善和建立以下机制：

一是工作流程机制。无论任何事情的完成，我们必须掌握一定的管理流程。目前通用的管理流程是5W3H原则：工作任务（what）、做事的目的（why）、组织分工（who）、工作切入点（where）、工作进程（when）和方法工具（how）、工作资源（how much）、工作结果（how do you feel）。固定化的工作流程，是保证工作有条不紊、轻重突出的重要机制因素。

二是交流沟通机制。领导执行过程就是各群体协作的过程。为了更好地发挥群体的作用，完成执行的目标和任务，并取得良好的实效，群体之间的交流沟通十分必要。建立固定的信息沟通交流机制，通过交流沟通，把信息、思想和情感在个人或群体间传递，并且达成共目标共识，加强了解、理解和互信，形成良好的工作氛围，形成一致的行动，完成共同的任务目标。

三是信息共享机制。信息沟通机制的不健全，信息不对称，使统一指挥没有了基础，增大了执行过程中的偏差。同时，缺乏良好的信息反馈机制，偏差得不到及时纠正，更助长了恣意主观、独断专行的倾向。所以，信息共享机制的建立，保障信息畅通、共享，克服信息孤岛现象，保证信息对称，便于执行者方向明白，路径正确，方法得当。

四是分工协作机制。执行过程中责任机制的不完善直接影响到领导干部执行效果和效率的提升。要健全工作分工协作的责任制，以规范化、标准化、科学化为目标，使执行主体明确、岗位具体、职责清楚、权责对等。分工协作机制不明，会造成各方利益难以均衡，也纵容繁多林立的各方执行者相互推诿，导致执行工作过程中出现推诿扯皮，敷衍塞责；检查工作中出现走马观花，甚至是只部署、安排而不检查，干好干坏一个样。结果，执行和落实成了一句空话。

五是条件保障机制。对于领导执行，除了考虑人的因素，还有对客观条件的把握。缺乏这些客观条件，都将造成执行失误。这些客观条件主要包括：政策宣传、财政能力、信息资源、执行文化。政策宣传为执行创造了前期宣传效应，营造了便利的思想环境，有助于实际工作的展开。财政能力是执行者执行活动中各项经费开支的有力保障。丰富可取的信息资源，畅通的信息渠道和信息来源是政策有效执行的必要条件。灵活高效的执行文化对于领导干部来讲，强化了执行观念和意识。

六是过程公开机制。在围绕重大决策执行过程中，要主动公开工作措施、实施步骤、责任分工、监督方式，并就具体工作进展状况和任务节点，通过相应的网站、新闻媒体、新媒体、工作简报等渠道，公布工作取得的进展、后续的措施，甚至是存在的问题，广泛地吸取公众的意见建议，加强和改进工作，以适当方式和渠道定期公开意见和建议采纳情况。建立督查、审计工作公告制度，公开督查和审计中发生的问题及整改情况。对执行坚决、落实有力、成效显著的执行者要作为典型进行公开宣传报道，对执行不力的也要公开曝光，促进政策和决策落到实处。

四、制度因素

邓小平同志曾经深刻指出："制度好，可以使坏人无法任意横行；制度不好，可以使好人无法充分做好事，甚至会走向反面。"提高领导干部的执行力，必须以制度作为保障，用机制加以引导和约束。习近平总书记强调指出：我们必须高度重视制度建设，下决心、下气力解决好制度建设中存在的问题，努力形成一套用制度管权、按制度办事、靠制度管人的有效机制，最大限度减少体制障碍和制度漏洞。要让铁规发力、让禁令生威，确保各项法规制度落地生根。好法规制度如果不落实，只是写在纸上、贴在墙上、编在手册里，就会成为"稻草人""纸老虎"，不仅不能产生应有的作用，反而会损害法规制度的公信力。我们要下大力气建制、立规矩，更要下大力气抓落实、抓执行，坚决纠正随意变通、恶意规避、无视制度等现象。[①]影响各级领导干部执行力的制度主要涉及干部的选拔、任用、监督管理、问责、绩效评价、教育培训等内容。

---

① 中共中央纪律检查委员会，中共中央文献研究室编，《习近平关于严明党的纪律和规矩论述摘编》，中央文献出版社、中国方正出版社，2016 年 1 月 1 版，第 25 页。

一是选人用人制度。建立科学规范的领导干部选拔任用制度，形成有效管用、简便易行、有利于优秀人才脱颖而出的选人用人机制，推进干部队伍革命化、年轻化、知识化、专业化，建设一支高举中国特色社会主义伟大旗帜的高素质领导干部队伍，是保证党的基本路线全面贯彻执行和中国特色社会主义事业顺利发展的重要保证。科学的领导干部选拔任用机制坚持能岗相适原则，强调干部能力提升、岗位科学管理与干部个人意愿相结合，最大限度地调动广大领导干部的积极性、主动性和创造性，充分发挥干部队伍的整体使用效能。让善于执行的人上，不善于执行的人下，增强干事创业的热情和积极性，让想干事的有机会，愿干事的有平台，能干事的有优待，干成事的有厚待。习近平总书记强调，要着力培养选拔党和人民需要的好干部，并明确提出“信念坚定、为民服务、勤政务实、敢于担当、清正廉洁”的好干部标准，进一步丰富和发展了德才兼备、以德为先干部标准的时代内涵，既为广大干部明确了个人努力方向，也为干部选拔任用工作提供了重要遵循。用一贤人则群贤毕至，见贤思齐就蔚然成风。选什么人就是风向标，就有什么样的干部作风，乃至就有什么样的党风。要坚持党管干部原则，坚持正确用人导向，坚持德才兼备、以德为先，努力做到选贤任能、用当其时，知人善任、人尽其才，把好干部及时发现出来、合理使用起来。衡量一个干部的好与差，就是看他能不能办实事，能不能打开局面。要坚决扭转议而不决、决而不行、唱高调、尚空谈等假大空的恶习。要树立正确用人导向，使那些对群众感情真挚、深得群众拥护的干部，那些说话办事有灼见、有效率的干部，那些对上对下都实实在在、不玩虚招的干部，那些清正廉洁、公众形象好的干部，得到褒奖和重用。坚决杜绝干部“带病提拔”现象发生，严格执行干部能上能下制度。

二是执行监督制度。习近平总书记强调指出：“加强对领导干部的监督，是对领导干部的爱护。放弃了这方面责任，就是对党和人民、对领导干部的极大不负责任。”[①] 用制度做保证，不断推进干部监督工作的制度化、规范化和法制化建设。干部监督工作要以制度创新为抓手，用制度来规范干部行为，强化对领导干部的日常监督。首先，发挥多渠道监督。要建立健全包括党内监督、法律监督、群众监督、民主党派监督、舆论监督在内的高效率的立体监督网络。要建立组织人事、纪检监察、司法、审计等职能部门和人大横向联动监督的机制，充分发挥好各种监督渠道的作用，有效加强对领导干部的经常性监督。其次，进行多层面监督。干部监督要有新的思路，着力实现从封闭式监督向开放式监督的转变，事后监督向事前、事中监督的转变。要加强对领导干部特别是“一把手”的监督，扩大对领导干部的监督内容和监督范围，重点对领导干部进行工作监督和生活圈、社交圈的监督。最后，积极探索创新监督。积极探索决策权、执行权和监督权分离，从而形成制度之间的相互制约，并且积极探索把党外各种监督途径有效结合的监督方式，形成强大的监督合力，从而保障制度的执行。

三是行政问责制度。习近平总书记指出，要健全问责机制，坚持有责必问、问责必严，把监督检查、目标考核、责任追究有机结合起来，形成法规制度执行强大推动力。问责的内容、对象、事项、主体、程序、方式，都要制度化、程序化。问责既要对事，也要对人，要问到具体人头上。要把法规制度执行情况纳入党风廉政建设责任制检查考核和领导干部述职述廉范围，通过严肃追究主体责任、监督责任、领导责任，让法规制度的力量在反腐倡廉建设中得到充分释放。纪律检查机关要加大监督检查力度，对有令不行、有禁不止的，不仅要严肃查处直接责任人，而且要严肃追究相关领导人员的责任。建立健全以领导干部为重点的行政问责制，把问责贯穿于决策、执行、监督的全过程。按照奖优、治庸、

---

① 《十八大以来重要文献选编》(上)，《依纪依法严惩腐败，着力解决群众反映强烈的突出问题》，中央文献出版社，2014 年版，第 138 页。

罚劣的原则，对执行上级决策部署不力，不认真履行职责造成严重后果和不良影响的单位和部门，坚决问责，责令整改，严肃查究。要严格责任的追究，对违反制度的行为进行坚决的惩处。通过对制度执行的监督和考核，对发现的在制度落实方面存在问题的行为进行依法查处，维护制度的权威性。严肃处理违反制度的行为，加大违法违纪成本，树立制度的权威，确保制度的有效执行。

四是评价奖励制度。评价奖励制度，主要包括绩效评价和绩效奖励制度。绩效评价，指按照一定的标准，采用科学的方法，检查和评定组织内部人员对职位所规定职责的履行程度，以确定其工作成绩的管理方法。绩效评价不仅是对执行效能的综合反映，还是执行态度、价值取向的直接体现。绩效评价和奖励是组织的一种高效管理工具，组织通过绩效评价决定人员的奖惩、解雇、晋升和培养。干部考核评价机制对领导干部起着导向作用、鞭策作用和激励作用，是干部干事创业的“指挥棒”。用什么人，不用什么人，大到党和国家事业的成败，小到一个单位的兴衰都具有决定性的作用。一个地区、一个部门的发展，不是靠口号喊出来的，一定是通过干部群众爱岗敬业、真抓实干、努力拼搏得来的。习近平总书记强调：“改进考核方法手段，既看发展又看基础，既看显绩又看潜绩，把民生改善、社会进步、生态效益等指标和实绩作为重要考核内容。”就是要求根据不同类别的干部，分类设置考核内容和指标，凡是能量化的必须量化，不能量化的要做出明确具体的定性要求，把“软指标”变成“硬杠杆”。进一步树立重敬业、重实绩的导向。为想干事、能干事的干部搭建干事创业的平台，引导干部把心思放在知民情上，把精力放在解民困上，把功夫下在暖民心上，真心为群众着想，全力为群众造福，实现了“干部受教育、群众得实惠、发展上水平”的目标。

五是教育培训制度。干部教育指培养、训练干部，提高干部政治、文化、业务水平的教育。中国共产党在各个历史时期都采取具体措施，联系实际情况培养干部。干部教育是加强党的执政能力建设和先进性建设的重要途径，是推动科学发展、促进社会和谐的重要保证。党的十八大以来，我们党相继作出了全面建成小康、全面深化改革、全面推进依法治国、全面从严治党“四个全面”的重大战略部署，我国经济社会发展和党的建设进入新常态，迫切需要大规模培训干部、大幅度提高干部素质。习近平总书记认为：“干部教育培训工作是干部队伍建设的先导性、基础性、战略性工程。”[①] 当前形势下，培养造就高素质干部队伍，既要深化干部人事制度改革，保证优秀人才脱颖而出，又要推进干部教育培训改革，提高干部队伍的执政素质和能力。坚持干什么学什么、缺什么补什么，针对领导干部的知识空白、经验盲区、能力弱项，开展精准化的理论培训、政策培训、科技培训、管理培训、法规培训，突出针对性和实效性，从而增加兴奋点、消除困惑点，不断完善党的理论教育、领导知识教育和干部党性教育体系，满足干部多样化多层次的培训需求，增强工作责任感和使命感，增强适应新形势、新任务的信心和能力。2015 年中央重新颁布的《干部教育培训工作条例》，在推进干部教育培训工作科学化、制度化、规范化，培养造就高素质干部队伍，推动学习型政党建设等方面发挥了重要作用。《干部教育培训工作条例》体现了中央关于干部教育培训工作的新精神新要求，吸收了干部教育培训实践中创造的新经验、新成果，根据新形势、新任务对领导干部教育培训制度进行了改进完善，是做好干部教育培训工作的基本遵循。新干部教育培训条例强调指出：进一步加强对领导干部的理想信念和党性教育，完善培训内容、改进培训方式、整合培训资源、优化培训队伍，全面提高质量和效益，切实推进干部教育培训工作科学化、制度化、

---

① 《习近平同志在中央党校的重要讲话汇编（2007 — 2012）》,《以改革创新精神做好新一轮培训干部工作》，中央党校研究室，2013 年，第 314 页。

规范化，真正把培养造就高素质执政骨干队伍的任务落到实处，为不断夺取中国特色社会主义新胜利、实现中华民族伟大复兴的中国梦提供思想政治保证、人才保证和智力支持。通过不同层次、不同内容、不同形式的教育培训，不断提高各级领导干部的执行意愿，增强工作的使命感、事业心和责任感，从而保证所执行的任务优质、顺利地完成。不断提高领导干部的领悟能力、创新能力、决策能力、控制能力、协调能力等执行能力，推进国家治理体系和治理能力现代化，实现中华民族伟大复兴的中国梦。

六是关爱容错制度。党的十八大以来，习近平总书记多次强调，大力营造勇于创新、鼓励成功、宽容失败的气候氛围。在完善考核评价和激励机制，鼓励创新，表扬先进的同时，要积极营造允许试错、宽容失败和想改革、谋改革、善改革的浓郁氛围。建立健全对领导干部的关爱容错机制，能有效地保护和调动领导干部的干事创业和主动作为的积极性，有效地激发和提振领导干部勇于探索和敢于担当的精气神。在严格管理干部的同时，要关心爱护干部，政治上激励、工作上支持、待遇上保障、心理上关怀，让干部安心安身安业，促进广大干部的积极作为。特别是对那些长期奋斗在一线、扎根在基层、勤勉敬业的干部要格外关心，让他们满怀信心地专心谋事、放心干事。近年来，在全面从严治党新形势下，一些干部由于心存顾虑、不敢担当，在改革创新路上步履迟缓，甚至止步不前，工作执行中的“洗碗效应”在干部队伍中有滋生蔓延之势。经常洗碗的人难免偶尔失手将碗打破，自责之余，旁边不干活的人也不依不饶：“怎么这么不小心？”干半天活却因为小失误落埋怨、受责备，有人把它归结为“洗碗效应”。长此以往，不仅打压了革新者的积极性，消磨了干部的意志，也将逐步失去群众的信任。容错纠错机制的施行恰好解决了干部的后顾之忧，让真正的改革创新者在放手闯、大胆干的同时吃了一颗“定心丸”。但容错不等于无限度宽容，更不等于可以胡来，应厘清思绪，明确区分“敢执行”与“乱执行”，明确区分哪些错误能容、哪些不能容。有法不依，知法犯法者不容；肆意乱为，损害群众利益者不容；以改革为旗号，以权谋私者不容；唯有出于公心、善意履职、不违反党纪国法的禁止性规定者可容。在实践工作执行过程中，特别是推进改革的过程中，要把领导干部因缺乏经验、先行先试出现的失误和错误，同明知故犯的违纪违法行为区分开来；把上级尚无明确限制的探索性试验中的失误和错误，同上级明令禁止后依然我行我素的违纪违法行为区分开来；把为推动发展的无意过失，同为谋取私利的违纪违法行为区分开来。在当前从严管理和监督干部的新常态背景下，探索建立领导干部关爱容错机制，对推动领导干部想干事、愿干事、敢干事，防治干部的“不执行、乱执行”现象具有重要意义。

C H A P T E R 0 6

第六章

制约领导执行的行为方式

1945 年，毛泽东同志在党的七大预备会议上说："要知道，一个队伍经常是不大整齐的，所以就要常常喊看齐，向左看齐，向右看齐，向中间看齐，我们要向中央基准看齐，向大会基准看齐。看齐是原则，有偏差是实际生活，有了偏差，就喊看齐。"我们党之所以从小到大、从弱到强、不断从胜利走向胜利，重要的一条就是全党上下有着很强的看齐意识，有了偏差就喊看齐、就自觉看齐。在新的形势下，面对复杂多变的环境和艰巨繁重的任务，对于全党来说，就是要更加强化看齐意识，与党中央保持高度一致，同心共济为实现中国梦而不懈奋斗。

同党中央保持一致不是一个空洞口号，而是一个重大政治原则。在指导思想和路线方针政策以及关系全局的重大原则问题上，全党必须在思想上、政治上、行动上同党中央保持高度一致。各级党组织和领导干部要牢固树立大局观念和全局意识，正确处理保证中央政令畅通和立足实际创造性开展工作的关系，任何具有地方特点的工作部署都必须以贯彻中央精神为前提。要防止和克服地方和部门保护主义、本位主义，绝不允许"上有政策、下有对策"，绝不允许有令不行、有禁不止，绝不允许在贯彻执行中央决策部署上打折扣、做选择、搞变通。然而在实际中，有部分领导干部在执行的过程中，发挥"主观能动性"和"聪明才智"，做一些与贯彻执行中央决策部署相违背的行为。

一、机械执行

毛泽东同志曾说过："盲目地表面上完全无异议地执行上级的指示，这不是真正在执行上级的指示，这是反对上级指示或者对上级指示怠工的最妙方法。"然而，这种现象在一些单位并不鲜见，从表面看是对上级领导的尊重，是与上级保持一致，实则上是以执行的名义破坏执行。

一是唯形式，不注重实效。甘当"二传手""留声机"，工作有布置没落实，有规划没行动，有安排没检查，有启动没跟踪，习惯于"以会议贯彻会议、以文件落实文件、靠讲话落实讲话"，往往是"说了就是做了，动了就是成了"，对工作任务敷衍应付，草率了事，摆开的架势大，收到的实效少。比如，某地安监部门负责人在接受记者采访时说道："一些安全生产监管部门，某段时间内各种大小会议不断开，与这段时间内安全生产事故频发有关。一些会议内容大家早就知道了，而且各地都已经开展了相关的工作，不过还是要开会重新部署一遍。假如你的辖区出了事故，上级检查起来，你要是没开会，追究责任就是首当其冲的重要一条。连会都没开，证明你不重视啊，你要开了会了，追究责任就少一条。"

二是唯规定，不结合实际。一事当前，先看中央政策和上级条文怎么说，把上级的规定命令指示当成传话筒，满足于照本宣科、照搬照转上级政策，对政策的精神实质缺乏深入理解和认识，上级怎么说的原封不动地传给下级，不调查不摸底，不是吃透上情了解下情，而是下一通命令指示像传话筒一样使落实者不知所以然，导致上级命令指示和下级的落实情况成为两张皮现象。比如，中央文件一发或会议一开，全国上下掀起认真学习贯彻落实文件精神和会议精神的高潮本是大好事，但仍然存在少部分单位，在学习传达时存在照抄照搬现象，具体表现为开一次会表示领导很重视，原封不动逐级转发文件表示已经贯彻，上报学习贯彻落实情况表示已认真落实，至于有没有学、用什么方式学、学的效果如何、精神有没有领会并落实到工作中无人知晓。

三是唯经验，不善于突破。以老经验行事，用老办法工作，工作思路不宽、办法不多，萧规曹随、求稳怕乱、路径依赖、惯性思维，无视矛盾问题、无视形势变化，原来怎么样就怎么样、过去怎么干就怎么干、上面要求怎么做就怎么做，既不讲继承也不讲创新，凡事都等别人的经验，人云亦云，照抄现成的，生搬别人的，导致工作没有特色。比如，当前全国上下正在全面推进各项改革工作，有的地方的改革落地生根，群众得到了实惠；而有些地方的改革却出现了水土不服。原因很多，一个重要的方面是，一些地方总是喜欢照抄照搬上级或者外地的改革措施，这样做既省事又保险，因为抄上级的改革路线总是不错的，抄外地的经验也算是摸着石头过河，高文典章一套又一套，红头文件一个又一个，但老百姓就是看不懂。但这样做到底有多少成效，那就管不着了。这样的措施，最后也只是中看不中用，收效甚微。

二、应付执行

《中国共产党纪律处分条例》中明确规定，对符合政策的群众诉求消极应付、推诿扯皮，损害党群、干群关系的，视情节轻重，给予警告、严重警告、撤销党内职务或者留党察看处分。然而，现实中，有的领导干部在执行过程中，却以种种借口应付了事，极大地损坏了党和政府的形象。

一是消极应付。不能因时、因事、因地做出具体分析，表面上热热闹闹，实际上却使本应该做深做细的工作走过场，使执行的成效大打折扣。更有甚者热衷于搞所谓“政绩工程”，做表面文章，下乡调研走马观花，听听汇报应付差事，上级检查临时搞突击、蒙混过关。比如，临近年终，一些部门和单位把年终总结变成了固定的“二八”开模式。也就是说，无论一年来你这个部门和单位做了多少工作，也无论做得效果如何，都套用这个模式，即八分成绩，二分不足。甚至还有一些部门和单位的领导干部在年终总结和做述职报告时，只讲成绩不讲问题，连“二八”开的模式都没有了。

二是敷衍塞责。抓落实慢腾腾，对明确的任务，得过且过，拨一拨动一动；对安排的工作；推三阻四，习惯于当“二传手”；对必须落实的事项，只讲漂亮话，不做踏实活，“说书人的嘴，能说不能干”；对反映的困难不研究、不协调；对存在的问题，怕得罪人、怕丢选票，往往“只求过得去，不求过得硬”，满足于“没有过错”，不看是否“做好了”“落实到位了”，导致执行不具体、不细致、不扎实。尤其是在解决群众切身利益问题上，唯恐避之不及，不研究、不表态、不解决，年年开“空头支票”，群众反映的问题迟迟得不到妥善解决。比如，在各种检查评比汇报中，有的地方领导干部欺上瞒下、弄虚作假甚至无中生有、闭门造车，任意编造虚假政绩，在汇报上做文章，在造假上下功夫，把准备做的说成已经做了，把个别的说成普遍的，把布置的说成落实的。

三是庸庸碌碌。对工作总是一等、二靠、三看，既无工作节奏，更无效率可言，面对急难险重任务不敢挺身而出，遇到矛盾躲着走，碰到问题绕道行。还有的认为自己工作岗位基本固定了，与其辛辛苦苦干工作，不如四平八稳熬日子，担心因干事捅了“娄子”、影响“位子”，不求有功、但求无过，满足于“守摊子”、当“太平官”。比如，随着中央“八项规定”的持续发力，肆意妄为的空间被进一步压缩，一些干部内心产生了“饭不能吃了、酒不能喝了、福利也少了，干脆什么也别干了”的错误思想，一些窗口单位“门好进、脸好看，话好听，就是事难办”，一句“业务已受理，请耐心等待”，随后便石沉大海。

三、打折执行

再好的文件制度，如果在执行落实中打了折扣，不仅收不到预期的效果，反而会因执行的“四不像”，影响到党政部门的公信力，割裂干群之间关系。

一是执行不到位。在执行过程中不能做到不折不扣按政策规定进行，而是做表面文章，表决心惊天动地，看成效毛毛细雨，尤其对己无用无利的更是采取暂时搁置的态度来对待，等着其他省市先落实，看看其他省市是如何落实的，或者等中央一再催促之后再落实。从而使各项政策在贯彻执行中走样变形，变成一纸空文。比如，2011 年 10 月，国家决定在集中连片特殊困难地区的 680 个县启动实施农村义务教育学生营养改善计划试点，以每生每天 3 元标准为学生补助营养午餐，为此，中央财政每年拨付 160 多亿元。然而，不少地方政策执行不到位或是未落实国家政策，学生餐营养不达标，主要原因还是一些地方政府认为民生是花钱多、见效慢，且群众满意度不好掌握的领域。

二是执行标准不高。一些领导干部在执行过程中，存在着“差不多就行了”的思想，对上级政策要么简单处理、走走程序，便束之高阁，故意搁置，要么就消极应对、疲于应付，如果遇到上级考核就进行突击式应付，追求表面数字化和执行的程序化。比如，从近几年的部署看，中央支农惠农的政策一直在稳定、完善和强化，各地也陆续加强了支持“三农”发展的力度。但也要看到，个别地方和部门嘴上喊着支持农业，但在行动上却“干打雷不下雨”，甚至对投入农业和农村的资金或层层截留或延期下发或挪作他用；一些地方曲解“新农村建设”为“新村建设”，把有限又宝贵的支农资金挪用到“形象工程”“面子工程”上，农业生产第一线得不到应有的支持。

三是执行留空白。缺乏完整准确的理解和把握，盲人摸象，抓住一点、不及其余，睁眼说瞎话，片面认为有的规定条文与自己关系不大，干脆不去执行，或是要求别人执行自己不执行，甚至抗拒执行，使原本完整的政策在选择执行中残缺不全，影响了政策整体功能的发挥。比如，为了增加地方财政收入加快地方发展，一些地方和领导对上级命令指示文件挑来捡去，在税收优惠、企业扶持、项目建设等方面的政策大肆宣传执行，而对于 GDP 能耗、企业安全、环保等方面的约束性要求，就千方百计地利用堵瞒的办法不予执行或睁一只眼闭一只眼，上级的命令指示不能原原本本地得到贯彻执行，在“不唯 GDP”、企业安全生产、环境保护等政策和决策执行方面留下空白。

四、选择执行

现实中，一些干部总是巧于把政策法规当成“橡皮泥”，采取选择性执行的手法，合意则守之，不合意则避之；有利就执行，无利就不执行；容易就执行，有难度就不执行；要求严时就执行，稍一放松就不执行，想着法子“钻空子”，千方百计“避约束”，特别是少数领导干部在执行中搞“上松下严”的两套标准，成了执行规定的“两面人”。

一是本位主义。缺乏大局意识，不顾整体利益，片面强调本单位本部门局部利益，对党和国家政策、上级部署的工作，有利争着上，难事绕道走，合口味的立马照办，不合口味的消极应付。还有一些部门习惯于管得多、卡得死，该放的不放，或“瘦放肥不放”“明放暗不放”，甚至明知有问题存在，也不愿改、不想改。比如，在执行简政放权政策时，少数部门将部分审批事项下放到下级进行审批，而对于一些具有“实权”且应予下放的审批事项，则紧紧握在自己手中不愿下放。

二是唯上是从。有的领导干部为了快速做出一番政绩，以赢得上级领导的满意和认可，不从经济社会发展长远利益考量，重眼前利益，轻长远利益，执行中甚至不顾及基层利益，不考虑群众感受，摆花架子，搞形象工程，不怕群众不满意，就怕领导没注意，导致执行中产生一些形式主义、官僚主义问题。比如，广州原市委书记万庆良被专家嘲讽地称为“规划之神”，被诟病的项目包括在山顶开挖大湖、在山地建百米大道……其主政揭阳时，曾主持投资 30 亿元开展两河四岸景观等建设，河道两侧绿化带拓宽 500 米。而其主政广州后，还先后计划建 9 个新城，仅新城规划面积相加近 800 平方公里，超过了新加坡国土及上海中心城区面积。虽然万庆良已落马，但遗患至今未消除，据广东一位长期任各地规划部门顾问的专家表示，一种情况，项目本身不合理，但已经订立合同，或已投入巨资建设；另一种情况，当年通过规划修改的议案依然有效，甚至影响到后续规划项目，所以后任者只好“热热闹闹搞整改，悄悄摸摸缓建甚至续建”。

三是自以为是。唯资历，不讲民主，“家长”作风，自以为是，工作摆老资格，遇事不商量，不讲原则，不广泛征求意见，不认真开展讨论，习惯于搞“一言堂”，个人说了算，狂妄独裁，独断专行，“集体领导”变成“领导个人说了算”，“民主集中”的原则变为“按领导意见办”，“会议决定”变为“举手表决走形式”，造成班子不团结、决策出现偏差，使得上级的方针政策在基层面目全非，执行的结果和决策初衷南辕北辙，带来集体利益损失、群众怨声载道等不良后果。

五、变相执行

一些地方或部门以自身利益为标准，随意“变通”政策法规，肢解、曲解甚至抵制中央政策，实行地方保护主义，为了自己的利益，搞“上有政策、下有对策”，其夸大了政策的灵活性，否定了政策的原则性，使政策向有利于地方利益、部门利益的方向解读，或者干脆利己的就执行，不利己的就不执行，对整个社会的稳定、健康发展产生了极其恶劣的影响。

一是搞政策曲解。即在执行的过程中，执行主体从对自己有利或无害的角度去理解，甚至故意歪曲上级部署和要求的内容、实质，依据自身解释对政策进行完全性或部分性的替代式执行，或者由于自身政策水平局限对政策内容和精神实质产生误解，从而使政策执行效果出现偏差。比如，为解决“四唯”问题，新修订的《党政领导干部选拔任用工作条例》提出了一些针对性的措施，实际操作中却有走过头的现象，说不唯票了就干脆不看票了，说不唯分了就一律不搞竞争性选拔了，说不唯年龄了就不重视培养选拔优秀年轻干部了，说不唯 GDP 了就不注重科学发展实绩了。

二是搞政策变通。即政策执行主体在执行过程中，利用政策执行和政策检查中的不完善之处，打擦边球、钻空子，制定与中央政策表面相一致，实际却相违背的地方政策或实施方案代替中央政策，使上级政策难以贯彻落实，甚至会导致相反的政策效果。还有一些领导干部在接受工作任务后与上级领导和单位讨价还价，想方设法规避本应由其承担的责任和义务，使原本可以顺利执行的目标任务变得难度加大，导致行政成本增加，使群众利益受到侵害，同时也极易导致腐败的产生。比如，在中央三令五申之下，有的领导干部嘴上答应整治“四风”，暗地里却另搞一套。部分地区明目张胆的豪华公款吃喝向单位食堂、私密会所等地方转移，五星级酒店倒是去得少了，但是五星级酒店的大厨却被请到个别单位食堂工作，单位内部食堂豪华程度与五星级酒店有得一拼，酒店里能吃到的单位食堂也能吃到；还有网友曾曝光陕西某县县委书记乘坐进口 6 缸、排量 3.0 T 的顶级豪华款大众途锐车，网上报价 105 万元。后来该县委书记回应称，该车是半年前从民营企业借用的，网络曝光后已经归还。

三是搞政策扩大。在政策原有内容的基础上，将符合自身利益的地方政策增加进去，不顾实际、层层加码，使政策脱离既定目标和实质，进而导致原政策被扩大化执行，实质上还是为了地方短期利益和官员的短期政绩。比如，当前各地都在加快推进全面建成小康社会步伐，有的地方为了早日脱贫，在制定政策时，将本只面向“建档立卡”户的优惠政策，扩大到所有贫困对象，说好的精准最后变成了“撒胡椒面”。

六、虚假执行

虚：虚假；假：不实。制造假的现象以欺骗别人。当前在领导执行的过程中，存在少数领导干部为了片面追求政绩，达到自己个人的政治利益，不惜采取弄虚作假，欺上瞒下的方式，搞假情况、假数字、假典型、假工作业绩等突出问题。虚假执行，不仅劳民伤财，败坏官德，损坏领导干部自身形象，而且严重损坏党风、政风和执政党的形象。造成虚假执行的根本原因是违背我党实事求是的思想路线、违背党的全心全意为人民服务的宗旨、违背党的政策和决策的根本要求、违背公务人员的基本职业道德和为官从政的基本道德准则。近年来，多个省份都出现了虚假执行的事件。

一是假典型。少数领导干部热衷于搞“面子工程”“形象工程”，到处造“观赏点”，制造“显绩”。如一些市县为追求政绩弄虚作假，举债搞形象工程。福建省有的城市改造搞形象工程，大拆大建，群众对天天生活在脚手架下有意见；有的地方搞美丽乡村建设，政府集中财力扮靓几个村庄供人参观，无法推广复制。再如，某地为应付上级检查，在地膜马铃薯高产创建示范点上弄虚作假。为了套取资金，应付检查，加快进度、在高速路沿线地块覆膜种植马铃薯，但覆膜未播种。这件事暴露了一些人在实际工作中不顾民意，挖空心思搞“面子工程”的不良政绩观，不仅浪费了政府财物，也伤害了老百姓的感情。当地群众气愤地说，按规定，项目种植区采取农户自愿申报面积，由政府免费发放地膜并以低价供应脱毒种薯。上面有这样的惠民增收政策，大家都乐意种。谁知为应付检查，将这些本应发放到老百姓手里的地膜白白浪费在了给自己脸上贴金的“面子工程”上。这种行为，糊弄的是上级领导，坑害的是群众。

二是假数据。少数领导干部经济发展指标、扶贫攻坚、城市化发展等方面，精力没有放在如何推动和促进发展上，而是挖空心思，虚报数据，制造虚假“繁荣”政绩。如辽宁省在 2013 年共有 13 个市、县（区）存在财政虚收行为，虚增公共财政收入 68216.33 万元。国税系统存在 2013 年度纳税人提前申报缴纳下一年度税款问题的基层征收单位 7 个共 11 笔，税款合计 3807.8 万元。地税系统共发现 5 个县级局单位提前征税 9227.41 万元。海南省委关于巡视整改情况的通报中显示，该省对各市县 2011 年至 2013 年扶贫资金、农业综合开发资金、农民专业合作社财政扶持资金等进行了审计，查处违纪违规金额 5.05 亿元。该省对现代农业生产发展资金支持设施大棚建设补贴项目中的“偷工减料”“虚填面积”“重复补贴”等问题进行专项治理，派督察组到各市县进行了督察，全省共追回违规领取补贴资金 1278.37 万元。科学技术部党组关于巡视整改情况的通报中显示，不少领域、部门都存在虚报冒领科研经费以及贪污、侵占、挪用的问题。如审计署 2012 年 4 月审计发现 5 所大学 7 名教授弄虚作假套取国家科技重大专项资金 2500 多万元，目前，均依法依纪查处了相关人员。关于成都林海公司虚假发票套取和转移财政资金的案件，2012 年 9 月经中央纪委协调，科技部已将案件移送成都市检察院依法查处，2013 年 7 月追回了成都林海公司套取的经费 1005 万余元。

三是假情况。少数领导干部在出现食品安全、交通安全、煤矿安全、环境安全、群体性突发事件时，采取虚报、瞒报、不报、假报等手段，瞒上欺下，以求不影响自己的政治利益。如某地一煤矿发生了一起特大透水事故，致使 80 多名井下作业的矿工遇难，直接经济损失 8000 多万元。事故发生后一天多，该矿矿长才将情况报告给分管矿业的副县长，并请求县里不要再往上报。副县长说：“这事不要再向别人报告。”尔后，副县长和县长商量，深感责任重大，一是“弄不好大家都死定了”，二是一旦该矿被查封，县里的财政收入将受到极大影响。经和其他县领导商量，决定将事故瞒报。副县长还要求矿长一定要“把内部稳住”，并授意对死者家属可以多给补偿，以封住他们的嘴。此后，县里主要领导多次开会，研究如何封锁消息，应付检查。同时还在接受新闻采访时一口咬定“只是发生了透水事故，但没有死人”。由于县政府不报告事故并严密封锁消息，这起事故被隐瞒达半月之久，后来由于新闻单位接到匿名电话举报，经过艰难采访，事故消息才被披露出来。国务院事故调查组经过三个月的事故调查，确认了事故发生的时间、地点，查明了事故发生的原因、隐瞒事故的真相和有关人员的责任。经查，这是一起因非法采挖、以采代探、违章爆破引发透水的特大责任事故。

C H A P T E R 07

第七章

阻碍领导执行的主体表现

各级领导干部是建设中国特色社会主义事业的骨干力量，各级领导干部的执行能力状况和执行作风状况直接决定我们党和人民事业的成败。面对世情、国情、党情的深刻变化，领导干部的精神懈怠危险、能力不足危险、脱离群众危险、消极腐败危险更加尖锐地摆在全党面前，党内脱离群众的现象大量存在，集中表现在形式主义、官僚主义、享乐主义和奢靡之风这“四风”上。习近平总书记在 2016 年 1 月 18 日省部级主要领导干部学习贯彻党的十八届五中全会精神专题研讨班上的讲话中指出，总的来看，我们的干部队伍素质不断提高、结构明显改善，但是一个突出问题是部分干部存在一定程度的“为官不为”。“为官不为”现象直接影响各级领导干部队伍建设，直接影响事业发展，直接影响党和政府在人民群众中的形象，具有极其严重的危害，人民群众对此深恶痛绝。因此，要深挖病根、找准病灶，从思想上、制度上、组织上综合施治、对症下药，根治“为官不为”毒瘤。就领导执行而言，“为官不为”的核心问题就是执行力问题，其具体的表现及原因主要有四种情况：信念不坚“不想执行”，动力不足而“不愿执行”，能力不强“无力执行”，担当不够而“不敢执行”。

一、不想执行

当前，一些领导干部对上级的政策和决策，不管多大的事情，总是抱着无所谓的态度，在思想意识上存在不想去执行的情况，说到底是“心”病，是理想信念上出了问题。理想信念是领导干部的世界观、人生观、价值观的“总开关”。习近平总书记指出：理想信念是共产党人精神上的“钙”，没有理想信念，理想信念不坚定，精神上就会“缺钙”，就会得“软骨病”。坚定理想信念，坚守共产党人精神追求，始终是共产党人安身立命的根本。理想信念坚定的领导干部，政治上才是最可靠的。有了坚定的理想信念，站位就高，眼界就宽，心胸就开阔，就能坚持正确政治方向，方能确保“政治上不变质、经济上不贪婪、道德上不堕落、生活上不腐化”，永葆共产党人政治本色。思想信念坚定，想去执行的动机才强；没有理想信念，就不会积极主动地去执行上级的决策和决定，也不会全心全意为党和人民做事。

在现实中，领导干部的理想信念出问题，主要表现在：有的对共产主义心存怀疑，认为那是虚无缥缈、难以企及的幻想；有的不信马列信鬼神，从封建迷信中寻找精神寄托，热衷于算命看相、烧香拜佛，遇事“问计于神”；有的是非观念淡薄、原则性不强、正义感退化，糊里糊涂当官，浑浑噩噩过日子；有的在涉及党的领导和中国特色社会主义道路等原则性问题的政治挑衅面前态度暧昧、消极躲避、不敢亮剑，甚至故意模糊立场、耍滑头；有的模糊了为官从政的目的，淡化了为民服务的宗旨，忘记了人民公仆的责任；有的认为如今当干部红线多、要求严、风险大，当官“成本高”，一不小心便会踩了“地雷”，与其傻乎乎地干，倒不如暂避“风头”等。领导干部出这样那样的问题，说到底是信仰迷茫、精神迷失、理想缺失、信念动摇、道德滑坡导致的。诸如此类领导干部理想信念出问题的现象时有发生，不仅此类领导干部毫无想去执行的思想和动机，而且严重影响整个干部队伍执行力的意识和水平。具体细分导致部分领导干部因理想信念出问题存在不想执行的情况，主要有以下三种情况：

一是党性不强。党性不强，忘记自己党员的身份，忘记自己身为党员的职责和使命，工作缺乏目的、方向和目标。习近平总书记在庆祝中国共产党成立 95 周年大会上的讲话中强调，不忘初心，继续前进，就是要坚持马克思主义的指导地位，坚定共产主义远大理想和中国特色社会主义共同理想，坚持中国特色社会主义的道路自信、文化自信、理论自信、制度自信。每一名党员都要把“学习党章党规、增强党性观念”作为必修课。要以更高的标准尊崇党章、遵守党规。要严格遵守党的政治纪律和政治规矩，任何时候、任何情况下都要强化政治意识、大局意识、核心意识、看齐意识，做到政治信仰不变、政治立场不移、政治方向不偏，自觉在思想上、政治上、行动上同以习近平同志为核心的党中央保持高度一致。把在工作中是否想去做事、想去落实、想去执行，作为检验党性强弱的重要内容。

二是宗旨意识不强。不想执行，从某种程度上来看，是私心所驱，宗旨意识淡化，不想为人民服务。党的十八大首次提出“牢牢把握加强党的执政能力建设、先进性和纯洁性建设这条主线”，明确要求全党“要坚持以人为本、执政为民，始终保持党同人民群众的血肉联系”，重申“为人民服务是党的根本宗旨，以人为本、执政为民是检验党一切执政活动的最高标准，坚持问政于民、问需于民、问计于民，从人民的伟大实践中汲取智慧和力量”。要牢记我们党的根本宗旨是全心全意为人民服务，牢记领导干部是人民的勤务员，并牢牢树立公仆意识；要牢记我们党立党为公、执政为民的执政理念，树立正确的世界观、权力观、事业观，做到立身不忘做人之本，为政不移公仆之心，用权不谋一己之私，切实改善存在的“四风”问题，围绕为民务实清廉的具体要求等进行学习研讨，解决世界观、人生观、价值观的根本问题，深化认识，查找差距，明确方向，实现“自我净化、自我完善、自我革新、自我提高”。要把是否做到全心全意为人民去贯彻、落实、执行工作，作为检验宗旨意识强弱的重要方面。

三是官德意识不强。所谓官德，主要是指各级领导干部恪守职业道德和个人品德。官德意识不强，不能以崇高道德来规范自己从政行为的教育，不想做事，不想抓落实，不想抓执行。“做官先做人，从政德为先。”“当官不为民做主，不如回家卖红薯。”“官德正，则民风淳，国家兴；官德毁，则民风降，国家衰。”党的路线、方针、政策要靠领导干部带领人民群众去贯彻落实，党提出的各项重大任务，要靠他们带领人民群众去完成。他们的思想道德状况如何，关系到党的性质和执政地位。毛泽东同志教导广大党员干部：做“一个高尚的人，一个纯粹的人，一个有道德的人，一个脱离了低级趣味的人，一个有益于人民的人”。现实中一些领导干部“遇到矛盾就躲，遇到问题就绕，遇到困难就推”，就是缺乏官德的表现。要把官德好坏作为衡量领导干部工作执行意识和动机的重要指标。

二、不愿执行

党的十八大报告强调：“着力整治庸懒散奢等不良风气，坚决克服形式主义、官僚主义，以优良党风凝聚党心民心、带动政风行风。”当前一些领导干部面对上级的决策和决定，在认识上存在不积极不主动的现象，表现在行动上就是不愿去执行。在实际工作中不愿去执行主要存在以下几种情况：庸懒散浮。

一是“庸”。业务不精、能力不强、思路不清，长期打不开局面；不求有功，但求无过，安于现状，看摊子、守位子，推着干、看着干，工作热情减弱，进取意识淡化，做一天和尚撞一天钟，不愿争创一流，贻误发展时机；对上级决策和部署执行不力，看似忙忙碌碌，实则碌碌无为；只占位子，不尽责任，遇到问题绕道走，碰到矛盾就上交；平庸无为，眼界狭隘，大局意识不强，决策能力低下；有任职时间较长的干部，消极怠工，有船到码头车到站的感觉，只求过得去，不求过得硬，觉得自己该歇一歇、停一停，只要安全着陆就好，不愿干事、不愿多干事。

二是“懒”。精神懈怠、消极颓废、精神不振、缺乏激情、不思进取、裹足不前、吃大锅饭、朝气锐气不足、拼搏精神不强等问题；不深入基层一线，遥控指挥，凭经验、想当然干事，或以会议贯彻会议，以文件落实文件，贯彻上级精神“逐级衰减”；不靠前指挥，对党委政府决策部署落实不到位，在重点或重大工作推进中，不能按时保质保量完成任务；落实上级部署磨磨蹭蹭，重大事项议而不决，遇到问题绕道走。对涉及人民群众合法权益的重大问题不及时解决，或对群众反映强烈的问题能够解决而不及时解决。

三是“散”。形象懒散、自由散漫、有令不行、有禁不止、我行我素、为所欲为；精力不集中、班子不团结、各自为政，执行力、战斗力不强；谋人不谋事、谋职不尽职，心胸狭窄、指手画脚、怨天尤人，随意发表不利于团结和社会稳定的言论；组织纪律观念差，制度形同虚设，自由散漫，松松垮垮，上班迟到早退、空岗、串岗、脱岗，上网聊天、打游戏、看电影、炒股票等。

四是“浮”。心浮气躁，急于求成、热衷于搞政绩工程；重权轻责，只想做官不想做事；做老好人，不敢开展批评和自我批评；拉帮结派，搞小圈子，闹无原则纠纷，影响和谐稳定；作风不正，业务不熟、政策不清，表面应付、作风漂浮；自以为是、作风专断，不讲规矩、不守制度，会上不说、会后乱说，重大事项不请示报告。

出现领导干部不愿执行的现象，既有主观的、内在的、个体的因素，也有客观的、外在的、社会的因素，各种因素之间相互交织、相互影响。

其一是思想观念不端正。有些领导干部没有树立正确的世界观、权力观、事业观，在敬畏职业道德，贯彻行为规范，强调奉献精神方面没有严格要求自己，在现实生活中面对各类困难、诱惑、迷茫时立不住、看不清、走不稳。把“干净”与“干事”人为对立起来。拿不能大胆“干事”替“不干净”找理由或以“干净”为“不干事”找借口。

其二是考核评价体系不科学。因为缺乏对不想执行种种现象的准确定位，在管理上无法对症下药。导致很多人心存侥幸，浑水摸鱼，做做样子，混混日子的心理意识因素难以更正。另外缺乏科学完善的考核评价机制，导致干好干坏一个样，无工作压力，也无工作动力，面对自己能执行的事情，也不愿去执行。

其三是管理体制机制不完善。在管理体制上，由于领导干部大都是行政事业编制人员，工作上做多做少一个样，工资上干好干坏一个样，认为“做与不做一个数，好与不好一个样”，甚至是做多了还会惹来麻烦、引来是非、招来矛盾，从而产生了对工作上的事情多一事不如少一事，能躲就躲，能溜就溜，不负责任的思想。在监督方面的原因，一旦失去监督，不良作风就会出现，直至产生腐败。目前工作作风的各种监督制度不可谓不多，关键问题还是制度落实不到位，监督管理不到位。好的制度需要人人都来遵守，才能发挥监督作用，如果制度一旦被打破，不仅不能发挥监督作用，反而会引起负面效应。当前，在有的地方和部门还不能做到“纪律面前人人平等”，作风出现苗头性问题宽容包庇的多，常常以谈话提醒了事，在一定程度上也助长了作风顽症的滋生和蔓延。

三、无力执行

无力执行主要是指领导干部有执行的想法和愿望，但是由于自身能力不足，而不能正确地完成上级的决策和政策。能力不足“无力执行”的现实表现主要有以下几种：一是“不指挥”。在任务、困难面前，内心惧怕，毫无主见，没有任何方向性和指导性的意见和建议，任凭下属“自由发挥”“随意执行”，无法达到预期的执行目标。二是“瞎指挥”。在困难和任务面前，不懂装懂，刚愎自用，听不了别人的意见，对事件和问题的处理仅凭感情用事，缺乏对困难和问题的深刻分析和未来发展形势的预见，常常违背自然规律，无法达到正确执行。三是“乱指挥”。在目标任务、困难和问题压顶、形势逼人的情形下，硬着头皮上，盲目决策，胡乱指挥，错失了机会、贻误了发展，带来了麻烦。做事仅凭个人喜好，一会儿东一会儿西，毫无章法，令人犹如“雾里看花”。

领导干部出现无力执行的主要原因：一是“不愿学习”。有的领导干部信奉关系第一，钱财铺路。平时不看书、不愿主动接受新事物、新理念、新观点，甚至持排斥态度。有的领导干部一方面对深化改革、调整结构、转变方式等新任务不熟悉、不学习、不钻研，开展工作不得要领、无所适从。有的表面上讲要学习、要提升，实际上是“一根筋”，凭经验办事，依好恶决策，工作思路不清、效率低下。有的领导干部能力跟不上新形势需要，惯于凭经验办事，面对新情况新问题束手无策，出现本领恐慌，往往拿不出办法、想不出对策，甚至将问题推给他人，“这事比较麻烦，不好办”“等一等再说”成了一些干部的口头禅。习近平总书记强调指出：要努力学习各方面知识，努力在实践中增加才干，加快知识更新，优化知识结构，拓宽眼界和视野，着力避免陷入少知而迷、不知而盲、无知而乱的困境，着力克服本领不足、本领恐慌、本领落后的问题。二是“不会学习”。对上级的精神学不深、吃不透，对本地区发展情况更是说不清、道不明，对任何事都不求甚解，以其昏昏使人昭昭。放松理论和业务知识学习导致自身能力素质提升过慢是阻碍领导执行的一个重要原因，这主要是干部长期放松学习所致，有的基层领导干部没有树立终身学习的理念，总认为自己学历高、本领大，不能与时俱进地抓学习；有的学习不够系统，学习方式单一，所谓的自学、集中学，多数是在应付，流于形式走过场，对新理论、新知识、新法律没有进行系统学习培训；有的学习不讲求实效，就学习抓学习，不能把学习同提高素质、推进工作有机结合，学难以致用，学习效果差等，直接导致了领导干部的整体能力素质提升缓慢，甚至有日趋滑坡之势，出现“知识、本领”恐慌，与时代发展的新要求不相适应，不相匹配，造成执行中思路不宽、方法不多、成效不大，遇到新问题、新事物、新矛盾，只有凭经验、凭吃“老本”去执行，最终影响党的事业健康发展。

当前，我国发展进入新阶段，改革进入攻坚期和深水区，需要我们以强烈历史使命感，集中全社会智慧，敢于啃硬骨头，敢于涉险滩，冲破思想观念的束缚、突破利益固化的樊篱，推动中国特色社会主义制度自我完善和发展，为改革开放和现代化建设提供坚强的智力支持。各级领导干部都要有“本领恐慌”意识，按照知识有厚度、思想有深度、胸怀有宽度、行动有力度的“四度”标准，把学习作为提高素质的重要途径，做到学有所得、学有所思、学以致用，通过学习增长知识、增加智慧、增强本领。勇于开拓，争做创新型领导干部。领导干部要增强创新意识、争先意识，勇于突破，敢于创新。思路上要有创见，做到敏于观察、勤于思考，把对工作的独特见解和认识转化为解决问题的点子、推进发展的思路。

四、不敢执行

不敢执行主要是指领导干部在执行上级的决策和决定时，由于缺乏担当精神，没有刚正不阿的意志品质，不敢坚持原则，缺乏迎难而上的气概和勇气。主要表现为“三怕”：一怕出事情。害怕工作失误、冒风险，担心踩到红线、触犯规则，怕闯红线、怕挨批评、怕丢官帽，宁可不做、不愿做错，多一事不如少一事，打打“太极推手”最保险。把“不出事”作为最大原则。所以，工作“要滑头”、办事“踢皮球”，该办不办、急事慢办，能缓则缓、能拖则拖、能推则推，不想冒半点风险，导致工作执行不到位。二怕得罪人。不敢坚持原则，对工作或职工监督软、管理软、手段软，怕得罪人，放任自流；怕接触矛盾，怕深入群众，遇到问题不敢直接面对或大胆负责；在应对突发事件、群体性事件等疑难复杂事件中，怕担责任、怕冒风险，不敢担当、不敢处理；重权轻责、有责不负，争功诿过，说到做不到、说好做不好、事不关己高高挂起，套话假话多；面对问题求真务实的办法少等。三怕担责任。担心引火烧身、担心承担责任，畏首畏尾、缩手缩脚、患得患失。遇到矛盾和问题时，采取回避的办法，任务一重就叫、困难一多就退、险情一来就溜，能推就推，能躲就躲，能拖就拖，存在“办不了，推得了”“推不了，躲得了”“躲不了，拖得了”的现象；一事当前，前怕狼后怕虎，说起困难时“千难万难”，躲避困难时“千方百计”，对矛盾、对棘手问题总是上交下派，左推右搡。

领导干部在执行过程中存在不敢执行的情况，究其根源主要是担当不够。自古官即为吏，是一种职业，职业意味着一种责任，为官即有责。习近平总书记指出，领导干部身上拥有人民群众赋予的权力，自然要承担着巨大的责任。担当就是责任，好干部必须有责任重于泰山的意识，坚持党的原则第一、党的事业第一、人民利益第一，敢于旗帜鲜明，敢于较真碰硬，对工作任劳任怨、尽心竭力、善始善终、善作善成。“疾风知劲草，烈火见真金。”为了党和人民的事业，我们的干部要敢想、敢做、敢当，做我们时代的劲草、真金。领导干部做人一世，为官一任，要有魄力，要有担当精神，应该对“为官不为”感到羞耻。敢不敢为，不仅是精神状态的问题，更是政治品格、官德修养的问题。能否担当，担当大小，体现了干部的胸怀、勇气和格调。形象地说明做官就要履行职责，为民办事，否则就失去了做官的起码资格。唯有如此，才能不负党和人民的重托。

今天，在实现中华民族伟大复兴中国梦的征途上，尤其需要一支有铁一般担当的干部队伍。党的干部必须坚持原则、认真负责，面对大是大非敢于亮剑，面对矛盾敢于迎难而上，面对危机敢于挺身而出，面对失误敢于承担责任，面对歪风邪气敢于坚决斗争。对于在一线辛苦打拼干事的干部来说，最需要的不是成功时的鲜花和掌声，而是失败时的宽容和支持。允许犯了错误的干部改过重来，不能“一棍子打死”。所以，解决好干部不敢为的问题，必须形成良好用人导向。按照新时期好干部标准，建立能者上、平者让、庸者下的机制，及时提拔重用那些在工作上敢于担当、敢于负责、能干成事的干部，树立“有为才有位，有位就要有为，为官就要为民”的用人导向。严肃处理怠政者，同时，为敢于担当的干部撑腰，为勇于干事的干部打气，营造“鼓励创新、宽容挫折、容忍失败”的干事氛围。

CHAPTER 08

第八章

提高领导执行的有效路径

“工欲善其事，必先利其器。”建设高素质领导干部队伍，提高执政能力，最主要、最关键的是提高其执行力。党的十八大以来，习近平总书记高度重视干部队伍建设，就培养党和人民需要的好干部，对如何提高领导干部的执行力提出了一系列重要的思想，为我们提高领导干部执行力提供了有效路径。

一、坚持自我学习

美国新一代管理学大师彼得·圣吉指出，“未来唯一持久的优势，就是有能力比你的竞争对手学习得更快”。是决定执行力的关键因素。能力强，执行起来就会得心应手；能力弱，执行起来就会手足无措。我们党历来重视全党特别是领导干部的学习，这是推动党和人民事业发展的一条成功经验。1939 年，毛泽东提醒全党说：“我们队伍里边有一种恐慌，不是经济恐慌，也不是政治恐慌，而是本领恐慌。”他说：“好像一个铺子，本来东西不多，一卖就完，空空如也，再开下去就不成了，再开就一定要进货。”毛泽东把学习比喻成“开铺子”，如存货不多，取一点，少一点，不久就要告罄，你不进货就要关门倒闭。毛泽东的这段话至今仍然具有很强的现实意义。习近平总书记提醒全党：“全党同志特别是各级领导干部，都要有本领不够的危机感，都要努力增强本领，都要一刻不停地增强本领。”

他多次强调指出：中国共产党人依靠学习走到今天，也必然要依靠学习走向未来。面对当前转型跨越发展的新形势、新任务，党内很多同志出现了“本领恐慌”，他们“有做好工作的真诚愿望，也有干劲，但缺乏新形势下做好工作的本领，面对新情况新问题，由于不懂规律、不懂门道、缺乏知识、缺乏本领，还是习惯于用老思路老套路来应对，蛮干盲干，结果是虽然做了工作，有时做得还很辛苦，但不是不对路子，就是事与愿违，甚至搞出一些南辕北辙的事情来”[①]。所以，各级领导干部要把学习作为提高执行力的根本途径。

一是要认真学习。首先，要认真学习马克思主义理论和中国特色社会主义理论，领会其立场、观点和方法，这是我们做好一切工作的看家本领，也是领导干部必须普遍掌握工作制胜的看家本领。其次，要学习党的路线方针政策和国家法律法规，这是领导干部开展工作的基本准备和重要的政治素养。另外，还要结合工作需要，广泛学习政治、经济、文化、社会、科技、军事、外交等方面知识，不断提高自我的知识化和专业化水平。

二是热爱学习。领导干部应该把学习作为一种追求、一种爱好、一种健康的生活方式，做到好学乐学。“知之者不如好之者，好之者不如乐之者。”好学才能上进，好学才有本领。领导干部一定要把学习放到重要的位置，善于挤出时间学，即使每天抽出半小时，读几页书，持之以恒，积少成多，必有成就。“各级领导干部要勤于学、敏于思，坚持博学之、审问之、慎思之、明辨之、笃行之，以学益智，以学修身，以学增才。”[②]

三是善于学习。领导干部加强学习，其根本目的是增强工作本领、提

① 摘自《谈谈调查研究》（习近平同志 2011 年 11 月 16 日在中央党校秋季学期第二批入学学员开学典礼上的讲话），《学习时报》，2011-11-23。

② 《习近平总书记系列重要讲话读本》，《依靠学习走向未来》，学习出版社、人民出版社，2016 年 4 月版，第 294 页。

高解决实际问题的能力和水平。反对学习中的“空对空”。各级领导干部要始终坚持向书本、实践、群众学习，以人为本，坚持科学执政、民主执政、依法执政，自觉执行上级决策部署，认真抓好工作落实，真正把工作部署和措施要求转化为造福群众的实际行动。“各级领导干部，一定要善于学习、善于重新学习，努力成为经济社会管理的行家里手。只有全党本领不断增强了，我们‘两个一百年’的奋斗目标才能实现，中华民族伟大复兴的中国梦才能梦想成真。”[①]

二、加强调查研究

习近平总书记指出：“重视调查研究，是我们党在革命、建设、改革各个历史时期做好领导工作的重要传家宝。”各级领导干部一定要高度重视调查研究工作，“调查研究是做好领导工作的一项基本功，调查研究能力是领导干部整体素质和能力的一个组成部分”。领导干部要“学习和掌握正确方法，努力提高调查研究水平和成效”。调查研究是深入基层、深入群众、深入实际了解客观真实情况，实现科学决策、民主决策的重要工作方法，也是践行群众路线、转变干部作风，真正做到从群众中来、到群众中去的重要途径。调查研究是做好领导工作的一项基本功，调查研究能力是领导干部整体素质和能力的一个组成部分。习近平总书记强调：“调查研究的过程，是领导干部提高认识能力、判断能力和工作能力的过程。”[②]“领导干部不论阅历多么丰富，不论从事哪一方面工作，都应

---

① 《习近平总书记系列重要讲话读本》，《依靠学习走向未来》，学习出版社、人民出版社，2016 年 4 月版，第 295 页。

② 摘自《谈谈调查研究》，（习近平同志 2011 年 11 月 16 日在中央党校秋季学期第二批入学学员开学典礼上的讲话），《学习时报》，2011–11–23。

始终坚持和不断加强调查研究。”[①] 习近平总书记指出，在当前领导干部中，不重视调查研究、不善于调查研究的问题主要有以下几种表现：走不出“文山会海”，以工作忙很少下去调查研究；满足于坐在办公室看材料、听汇报、上网络，“闭门造车”做决策；自认为对本地区本部门情况熟悉，凭经验办事，拍脑袋决策；调研走马观花，走过场，只看“盆景式”典型，流于形式。[②] 这些表现，不仅严重损害领导机关、领导干部的形象，影响决策的科学性，而且妨碍党的路线方针政策的贯彻执行。作为领导干部必须始终坚持和不断加强调查研究。只有这样，才能从根本上保证党的路线方针政策和各项决策的正确制定与贯彻执行，保证我们在工作中尽可能防止和减少失误，即使发生了失误也能迅速得到纠正而继续胜利前进。一个科学完整的调查研究，包括三个阶段：调查前、调查中、调查后。调查前要做的主要工作是：准备调查研究的选题和方案。调查中要做的主要工作是：实际调查、方法技巧运用、调查素材收集。调查后要做的主要工作是：调查结果研究、报告撰写和报告运用。领导干部要提高调查研究的水平和成效，必须掌握以下十大方法：

一是调查前要准备“问题”而非仅“选题”。毛泽东同志指出，问题就是事物的矛盾，哪里有没解决的矛盾，哪里就有问题。实践发展永无止境，矛盾运动永无止境，旧的问题解决了，又会产生新的问题。党的十八大以来，习近平总书记发表了一系列重要讲话，深刻回答了新的历史条件下党和国家发展面临的一系列重大理论和现实问题，贯穿着强烈的问题意识、鲜明的问题导向。紧紧围绕“问题”展开，无论是问题的真相和全貌、

---

① 摘自《谈谈调查研究》，（习近平同志 2011 年 11 月 16 日在中央党校秋季学期第二批入学学员开学典礼上的讲话），《学习时报》，2011-11-23。

② 摘自《谈谈调查研究》，（习近平同志 2011 年 11 月 16 日在中央党校秋季学期第二批入学学员开学典礼上的讲话），《学习时报》，2011-11-23。

问题的本质和规律，还是解决问题的思路和对策，都是以“问题”作为落脚点和出发点。可以说，问题意识，是做好领导干部调查研究工作的重要基础，问题意识到不到位，能不能抓住关键问题，将决定调查研究工作的成效大小。那么，调查研究应该抓住哪些问题？习近平总书记认为：“深入研究影响和制约科学发展的突出问题，深入研究人民群众反映强烈的热点难点问题，深入研究党的建设面临的重大理论和实际问题，深入研究事关改革发展稳定大局的重点问题，深入研究当今世界政治经济等领域的重大问题。”具体而言，领导干部调查研究的选题必须要“紧扣现实工作需要，出发点是为党委、政府工作提供所需的对策建议，落脚点是解决经济社会中的具体问题”，即“围绕中心，服务大局”。

二是调查前要准备“设计”而非仅“设备”。一项科学严谨的调查研究之前一定要对选题进行精心设计，而非仅仅准备调查研究的设备，如录音笔、相机、笔纸、通信工具、交通工具等。选题的设计重点要把握以下几个关键环节：1. 查阅文献资料。通过查阅文献资料，了解和研究有关理论、方法、过去的研究成果。了解调查对象及区域的历史、地理、政治、经济、文化情况；了解和研究有关政策、文件、领导的讲话等。2. 提出研究假设。通过文献资料研究，对调查对象的特征以及有关现象之间的关系做出推测性判断，对选题做出尝试性的设想。目的在于：将抽象的选题概念同具体经验事实连接起来，明确重点、方向，使调查研究具体化。3. 完成概念具体化。即是将抽象的概念转化为可观察的具体指标过程。具体化是社会研究中由理论到实际、由抽象到具体的过程。具体化的过程，是沟通抽象的理论概念与具体经验事实的一座桥梁，它为我们在社会研究中实际地测量抽象概念提供了关键的手段，是调查访谈提纲和问卷设计的前提和基础。4. 确定调研内容。调研内容通常包括：（1）状态。主要是指调查研究分析对象的基本情况。（2）意向。主要是指调查研究分析对象的内在属性。包括态度、观念、信仰、个性、动机、偏好、倾向性。(3)行为。主要是指调查研究分析对象行为特征，如政治、经济、社会等行为。5. 完成调研提纲和问卷设计。根据概念具体化，围绕调研的几个方面内容，具体设计调研提纲(主要用于文献法和访谈法)和设计问卷(主要用于问卷法)。要始终保持价值中立，做到与选题相关，与内容相连，与问题相应，且简便适用。

三是调查前要准备“方案”而非仅“方法”。调查研究是一项自觉性、规范性、科学性很强的社会活动，调查研究方案是引导思维和行动的纲领。因此，调查研究课题确定后，应该制订详细的调查研究方案。所以，调查研究选题确定后，不是简单地确定研究对象、地点和方法，而是要制订较为完备的调查研究方案。根据确定的选题，调查研究方案大致内容包括:(1)主要目的;(2)指导思想;(3)基本原则;(4)具体对象;(5)研究设计;(6)主要方法;(7)时间安排;(8)参加人员;(9)调查预算;(10)成果要求等。调查研究方法，只是调查研究方案中一部分内容。调查研究的常用的方法主要有:(1)实地观察法;(2)访谈调查法;(3)问卷调查法;(4)文献调查法。

四是调查中要带着“疑点”而非“观点”。习近平总书记指出:“调查研究前不能预设调子。有的领导干部在调研之前就定好调子，期望调研能够得到自己想要的结论，这会严重影响调研的准确性。”“提前预设调子”，即带着自我观点，这样将致使调研者在调研过程中有意或无意地重视与自我观点相符合的信息，忽视与自我观点不一致的信息，调研结果必然会出现偏颇。“调查研究不能带着预设调子下去，而应从客观实际出发，坚持先有调查研究后有结论的基本程序，把结论建立在严密的科学论证之上，做到有一是一，有二是二。”调查研究，总结经验，吸取教训，是搞好工作的一个重要环节。时下有一种调查，却反其道而行之。即先有认识，先有结论，再“逆向”运行，来一番“调查研究”。这种“逆向”调查“法则”，只要为结论所需，成就可以层层提高，渐次放大，直至“透彻”。问题可以随意“裁剪”“过滤”，直到“把牢”，而对于实际情况则可撂至一边。说穿了，这是以调查之名，行主观意志之实。其结果，只能是在虚假和荒谬的路子上越走越远。

五是调查中要带着“感情”而非“感性”。“价值中立”是衡量调查者素养的一个重要标准，是确保调查结果客观公正的重要保证。比如，问卷设计不能带有引导、歧视等感情色彩，访谈者的问法要妥当、合理、有效等。在实地观察中，调查研究者在感情上不应将个人情感因素施与调查的对象和环境中。但是“价值中立”不等于不要感情，也不等于可以感性。研究者对某一群体或领域越具有深厚的感情，越会促使其在调研的过程中克服一切困难，把事情的真相弄清楚，把问题搞明白，把对策找到位。调查研究是考察调研者是否“敢于担当”的重要途径，比如调研者是否对党和人民充满忠诚，对党和人民是否充满感情，是否以对党和人民高度负责的态度去做调查研究，结果会截然不同。当然感情不等于感性，在具体的调查研究过程中仍然要坚持实事求是的态度，按照科学的调查研究方法去收集资料，去了解信息，确保调查研究结果的真实性、公正性、有效性。

六是调查中要带着“身子”而非“架子”。习近平总书记指出，调查研究“一定要有眼睛向下的决心和甘当小学生的精神，迈开步子、走出院子，去车间码头、去田间地头，进行实地调研”。调查研究就是“联系群众，为民办事的过程。通过深入基层，深入实际，深入群众，我们可以了解到群众在想什么、盼什么，最需要党委、政府干什么”。各级领导干部都要“进行调查研究，要放下架子、扑下身子，深入田间地头和厂矿车间，同群众一起讨论问题，倾听他们的呼声，体察他们的情绪，感受他们的疾苦，总结他们的经验，吸取他们的智慧”。在调查研究的过程中，只有扑下“身子”，才能了解到最全面的信息；只有放下“架子”才能获得到最真实的信息。这样，才能为正确决策提供准确的依据。

七是调查完要带回“资料”而非“材料”。一篇调查研究报告的优劣，是与作者掌握资料的多少相联系的，而获取资料的多少又是与调查研究的深度和广度相联系的。要写出一篇好的调查报告，资料的收集是最基础的工作，因此要通过多层次、多方位、多渠道调查，掌握大量第一手资料，从而避免以点代面、以偏概全，提高调研资料的真实性和可靠性，为顺利写作调研文稿打下良好基础。在调研过程中，我们要注重调查方法的多样性、调查对象的广泛性，设计各种类型的问题，了解各个阶层不同声音。有的同志调查研究没有方式方法，调查完毕带回大包小包的调查“材料”，结果往往出力不讨好，白费功夫。等到写作文稿时，方知有价值“资料”太少，无价值“材料”太多。

八是调查完要带回“思考”而非“思绪”。思考是主动的系统化的思维过程，而思绪仅仅是被动的碎片化的思想回顾。调查研究的过程，其实就是一个深入思考问题的过程。问题是什么，为什么，怎么看，怎么办。始终贯穿整个调查研究的过程。调查研究结束后，调研者对原来的问题的假设又有了新的思考。根据调查研究的选题，调查研究的方法是否恰当？现有的调查素材质量如何？能否支撑和反映选题的要求？情况现状是否清楚？问题是否明晰？是否需要补充调查？等等。但有些同志，为调查研究而调查研究，整个调查研究过程是被动的，从不会积极思考问题。一场调查研究结束后，留下的仅是对调研过程“好的方面”的回味和遐想，对“不好方面”的抱怨和责备。

九是调查完要着手“研究”而非“总结”。一般的调查研究，是为了了解基层的实情，增进同群众的感情，但涉及政策研究的要求要更高一点，不仅要重调查，更要重研究。组织工作的调查研究，既不是纯粹的理论研究，也有别于具体的工作了解，而是一种理论与实践相结合的对策性应用研究，必须强调“研以致用”。正所谓“文可载道，以用为贵”。毛泽东同志曾经形象地说：“调查就像十月怀胎”“解决问题就像一朝分娩，调查就是解决问题”。调查研究要达到解决问题的目的，就必须实现“调查—研究—决策—落实”这个全过程的统一。就是说，不仅要搞好调查，而且要在分析研究上下功夫，在利用调研成果上做文章；不仅要搞好为决策提供依据的超前型调查研究，还要注意在决策执行和落实环节上的追踪反馈调查。所以，调查研究结束后并非简单地写个调查小结、调查日记完事，这样的调查研究毫无意义。

十是调查报告既要“研究”更要“讲究”。“调”和“研”是调查研究中的两个环节。深入开展调查研究后，必须坚持“调”“研”并重、做到“研以致用”。马克思说过：“研究必须充分地占有材料，分析它的各种发展形势，探索这些形势的内在联系。”列宁也曾说：“《资本论》不是别的，正是把堆积如山的材料总结为几点概括的、彼此紧密相连的思想。”调查后不仅要研究调查资料背后的规律，更要讲究调查资料的基本的处理三步法：综合、分析、提炼。

1. 综合。资料的综合包括审核、整理、汇总。审核，即检查资料是否真实、标准、准确与完整。对观察法资料的审核：主要检查是不是遵循了调查提纲，是否有还不能归类的资料；对多种方法收集的资料相互比较，是否矛盾。对访谈法、问卷法资料的审核：注意被调查者的态度，是否讲了心里话，是否随声附和，是否调查会为一两个人所左右，是否信任调查者，是否理解调查的问题，是否答非所问，是否受情绪影响，提供材料是否有片面性等。对文献法资料的审核：报刊、档案、文件、文章、领导讲话等，应注意作者背景、文献资料的时间、主要内容等是否与主题有关或有价值。整理，即选择一定标准将资料整理归类，确保条理化，系统化。

汇总，即把资料单位一一归类。

2. 分析。分析，即剖析和解释资料及其意义。分析即对研究对象“为什么”这样存在和变化的回答，不是描述而是说明。分析方法主要包括定性分析和定量分析。调查研究的本意既调查又研究。只调查不研究，或者重调查轻研究是违背调查研究的本意的。只有对调查来的材料进行综合、分析、整理，把感性认识上升到理性认识，找出具有普遍意义的带规律性的东西，才能发挥它在更广阔范围内的指导作用。

3. 提炼。根据选题，用马克思主义的立场、观点、方法，对材料“去粗取精，去伪存真，去繁求简，由此及彼，由表及里”，进而提炼出观点。正如郑板桥所说：“删繁就简三秋树，领异标新二月花。”一要提炼主题。要弄清撰写这个研究报告是为了什么，是为了反映上级某一个决策的执行情况，还是为了探索新的方针政策；是为了总结经验，还是为了吸取教训；是为了给政府“当参谋”，还是为了给部门指路子等。目的清楚后，根据综合、分析的材料，确立主题，就是调研报告所要表达的中心问题，是驾驭调查材料的关键，也是整个报告的灵魂，明确主题再动笔就不会偏离。二要提炼提纲。围绕主题，拟定提纲，构思好整个报告的整体框架，并将这种框架转变为具体的撰写提纲，它是整个报告的骨架。三要提炼材料。根据主题和提纲，选择材料。调查材料与研究报告所用材料不是一回事。研究材料往往都与研究主题相关，但不一定紧密相连。或者说，并非所有的研究材料都能成为撰写研究报告时所用材料。要按照报告的“骨架”来选择填充的“血肉”。这样才能保证所选取的材料与报告的主题密切相关。四要提炼语句。撰写报告，最好一气呵成，不要在一些小的环节停下来推敲修改，以免耽误时间。等报告全文写完后，再反复从头阅读，仔细推敲，认真修改，不断完善。五要提炼外表。调研报告是党政机关常用的一种实用文体。判断调研报告文稿的好坏，通常也从结构、内容和形式多个方面来评价。在结构上，一般包括题目、导言、情况、问题、建议（对策）等几个部分。内容上，基本上按照为什么、是什么、怎么看、怎么办的逻辑展开。导言部分，即研究报告的开头部分，主要阐述“为什么”，清楚地陈述调查研究的问题，为什么选择这个问题。同时，要将这一问题放到一个较大背景中，以便读者了解为什么这个问题重要，它为什么值得研究。导言的最后，简单介绍资料收集情况及方法。情况部分，主要阐述“是什么”，主要描述调查研究分析对象的基本情况、内在属性（包括态度、观念、信仰、个性、动机、偏好、倾向性）、行为特征等。问题部分，主要阐述“怎么看”，分类别对调查研究反映出的问题，按照一定的类别进行分类阐述（可以按照问题、原因、危害逻辑阐述）。建议（对策）部分，主要阐述“怎么办”可以按照上述问题，逐一对照阐述，也可以按照一定类别分条总体阐述。在形式上，主要看结构是否合理、表述是否准确、语言是否简洁、打印是否规范等。根据结构内容，字数可以是“三三三”或“一二三”或“三二一”比例。当然，调查研究报告的价值最关键在于情况掌握是否全面准确，问题及原因分析是否深刻到位，对策建议能否解决实际问题。

三、忠诚干净担当

管理学研究表明，影响工作进行和工作结果的主要因素有三个，分别是知识、技能和态度，其中知识和技能是基础，态度是关键。态度决定一切。执行态度决定执行力度和速度，不同的态度就会产生不同的结果。一个领导干部的执行态度如何，主要看四个方面：一是想不想执行，有没有执行动机；二是愿不愿执行，有没有执行动力；三是敢不敢执行，有没有执行魄力；四是去不去执行，有没有行动。然而，这四个方面的态度主要取决于领导干部是否能做到忠诚干净担当。习近平总书记强调，领导干部要始终做到对党忠诚、个人干净、敢于担当。作为领导干部只有做到对党忠诚，才会有不折不扣去贯彻执行上级决策和决定的意愿和动力。同时，只有做到干净做人，干净做事，敢于做事，才会有不折不扣贯彻执行上级决策和决定的勇气和胆量。

一要对党忠诚，就是心中有党、对党忠诚。如习近平总书记指出："全党同志要强化党的意识，始终把党放在心中最高位置，牢记自己的第一身份是共产党员，第一职责是为党工作，做到忠诚于组织，任何时候都与党同心同德。"[①] 领导干部对党忠诚，而且要做到绝对忠诚，即唯一的、彻底的、无条件的、不掺任何杂质的、没有任何水分的忠诚。对党的忠诚，没有"差不多"，没有"基本上"，没有99.9%，而是100%绝对纯度的忠诚，不容打任何折扣。对党忠诚既是党对领导干部最基本的政治要求，也是领导干部最重要的政治素养。对党忠诚就是始终坚持中国共产党的领导，始终坚定马克思主义信仰，始终坚定共产主义理想和中国特色社会主义信念，在思想上、政治上、行动上同党中央保持高度一致；对党忠诚，就要对党、对人民、对同志襟怀坦白、公道正派，言行一致、表里如一，做老实人、说老实话、干老实事；对党忠诚就是要严守党的纪律和规矩，自觉用党章规范言行，把遵守政治纪律和政治规矩放在首位，在任何情况下都不越界、不越轨、不越底线。

二要干净做事。习近平总书记指出：鱼和熊掌不可兼得，当官就不要发财，发财就不要当官，这是两股道上跑的车。既然当官就是要严格遵守全心全意为人民做事，而且要干净地为人民做事。作为领导干部要始终严格要求自己，自觉弘扬和践行社会主义核心价值观，加强道德修养，追求健康情趣，把好权力关、金钱关、美色关，做到清清白白做人、干干净净

① 摘自《习近平在第十八届中央纪律检查委员会第三次全体会议上的讲话》，人民网，2014-01-15。

做事、坦坦荡荡为官。“一个人能否廉洁自律，最大的诱惑是自己，最难战胜的敌人也是自己。”[①]所以，作为领导干部要从纯洁思想做起，认真学习党的理论，加强党性修养，树立正确的世界观、人生观、价值观。要有良好的品行，提升道德境界，追求高尚情操，自觉远离低级趣味，自觉抵制歪风邪气。要切实改进作风，消除不良作风，培养良好作风，自觉抵制和杜绝官僚主义、形式主义、享乐主义、奢靡之风。要始终保持对权力的敬畏之心，依规慎重行使权力，认真贯彻执行民主集中制，做决策、办事情都要守规矩讲程序，切实把党和人民赋予的权力用在为人民干实事干好事上。习近平总书记多次强调，各级领导干部要带头发扬劳模精神，出实策、鼓实劲、办实事，不图虚名，不务虚功，以身作则带领群众把各项工作落到实处。

三要敢于担当。“担当大小，体现着干部的胸怀、勇气、格调，有多大担当才能干多大事业。”[②]领导干部只有做到忠诚干净担当，才会想去执行、愿去执行、敢去执行、会去执行；才会在对待一项工作，贯彻一项决议，执行一项政策时，绝不打折扣、做选择、搞变通。“领导干部不仅要想干事、肯干事、敢干事，还要会干事、能干事、干成事，特别是对事业要始终保持奋发进取的精神状态，不仅仅是上级推着干、群众推着干，首先是自己要始终充满激情、充满干劲，这样去干事业，才能更加主动、更加自觉。”[③]担当是成事之要。领导干部敢于担当最重要的是体现在干事创业上。领导干部要把实现最广大人民的根本利益作为最终目标，俯下身子，

① 摘自《习近平在第十八届中央纪律检查委员会第三次全体会议上的讲话》，人民网，2014-01-15。

② 摘自《习近平在第十八届中央纪律检查委员会第三次全体会议上的讲话》，人民网，2014-01-15。

③ 《要“干事”，更要“干净”》(2007年1月24日)，《之江新语》，浙江人民出版社，2007年版，第256页。

“谋”在深处、“干”在实处，为党和人民的事业担当尽责。领导干部敢于担当还体现在：在碰到矛盾、遇到困难的时候知难而进、攻坚克难，明知山有虎、偏向虎山行；有科学的决策能力，有高效的执行能力，有熟练的操作能力；碰到矛盾拿得出有效处理的办法，遇到困难想得出有效克服的措施，面对复杂问题提得出有效解决的方案。只有这样，才能创造出经得起实践、人民、历史检验的实绩，才能为党和人民做出应有的贡献。

四、践行“三严三实”

领导执行需要力度。天下大事必作于细，古往今来必成于严和实。习近平总书记指出：“各级领导干部都要树立和发扬好的作风，既严以修身、严以用权、严以律己，又谋事要实、创业要实、做人要实。”“三严三实”，是我党作风建设的深化，也是全体党员干部的基本遵循和行为准则。要确保领导执行有力必须遵守“三严三实”。“三严三实”从思想层面和实践层面对领导干部的精神状态、谋事理念、工作方法等作了系统而精辟的概括，既提振了攻坚克难的精气神，又指明了干事创业的方法论，为抢抓机遇、抓好执行、加快发展提供了强大思想武器。凡是有利于党和人民事业的，就坚决干、加油干、一刻不停歇地干；凡是不利于党和人民事业的，就坚决改、彻底改、一刻不耽误地改。所以，各级领导干部要做到原原本本、不走样、不打折地抓好落实，提高执行力，关键是每时每刻件件工作都必须践行好“三严三实”要求。

一是“严”，严是领导执行的重要保证。严以修身增加执行的底气。古语云“修身、齐家、治国、平天下”，修身是第一位的。作为一名领导干部，严以修身站稳政治立场、增强政治定力，提升抵御各种错误思潮的免疫力，经得起各种风险和考验，就会增加执行上级决策和政策的底气。

严以用权增加执行的硬气。树立“权为民所用，利为民所谋”的观念，绝不能把公共权力当成谋取私利的工具，保持心有所畏、言有所戒、行有所止的约束，依法用权、秉公用权、廉洁用权，就会增加执行上级决策和政策的硬气。严以律己增加执行的正气。严以律己的核心就是要对照党的政治纪律和政治规矩，始终做到敬畏法纪、敬畏组织、敬畏群众，时时刻刻遵守党纪国法，让手中权力在阳光下运行，严格按党性原则办事、按政策法规办事、按制度程序办事，就会增加执行上级决策和政策的正气。

二是“实”，实是领导执行的根本目的。自古至今，“实言实行实心，无不孚人之理”。从实际出发、实事求是，是我们党重要的思想路线。谋事要实，领导干部要严谨科学决策，按客观规律办事，不好大喜功，不急于求成，要使我们的点子、政策、方案符合实际情况、符合客观规律、符合人民意愿，经得起实践、群众和历史检验。创业要实，要义是真抓实干、敢于担当。领导干部想干事、肯干事、多干事、干实事，是义务，是本职，是最起码的要求。按照“不受虚言、不听浮术、不采华名、不兴伪事”的要求和标准干事创业，做实干家，坚持务实创新、勇于担当，察实情、出实招、求实效。做人要实，是共产党员先进性的内在要求，是领导干部“官德”的外在表现。周恩来同志说过：“世界上最聪明的人是最老实的人，因为只有老实人才能经得起事实和历史的考验。”

五、“树立四个意识”

为了保证领导执行的有效性，领导执行需要方向和标尺，所以，领导干部在执行的过程中一定要树立政治意识、大局意识、核心意识、看齐意识，自觉在思想上、政治上、行动上与党中央保持高度一致。要牢固树立政治意识，始终保持对党忠诚。要加强党性修养，夯实理论基础，不断增强政治敏锐性和政治鉴别力，在大是大非面前保持清醒的政治头脑和坚定的政治信念，始终与党中央保持高度一致，对党忠诚。要牢固树立大局意识，始终确保政令畅通。要切实增强大局意识，围绕中心服务大局，把各项工作放到党和国家的大局大势中去思考、去定位、去决策、去实施。要着眼于全局、围绕大局积极履职，扎实工作。要牢固树立核心意识，始终坚定四个自信。我们要坚决拥护中国共产党，紧密团结在以习近平同志为核心的党中央周围，坚定走中国特色社会主义道路，始终坚守道路自信、理论自信、制度自信和文化自信。要牢固树立看齐意识，始终站稳政治立场。在思想上看齐，进一步拧紧思想上的“总开关”，坚定永远跟党走的政治信念。在政治上看齐，始终做到政治信仰不变，政治立场不移，政治方向不偏。要在行动上看齐，以党中央为最高标杆，以中央要求为行动指南。总之，领导干部只有牢固树立“四个意识”，才能保证工作落实和工作执行不偏离“航向”、不偏离“航标”、不偏离“航道”、不偏离“航地”，真正做到有效执行。

六、注重热情关心

在领导执行的过程中，如果领导执行的主体领导干部没有积极性，再好的政策和措施也会落空。习近平总书记指出：领导工作的一项重要内容就是发挥“调压器”的作用，适时给基层“增压”和“减压”，使其保持在一种“常压”的工作状态。“增压”的目的是增加工作的责任心和事业感。井无压力不出油，人无压力轻飘飘，把压力转化为动力，可以促进工作，提高质量。“调压”的目的就在于更好地调动和保护各方面的积极性。气可鼓而不可泄。各方尤其是基层干部的积极性，是推进发展的动力。对基层干部要多给予一些指导，多教一些方法，多给一些鼓励。要把严格管理干部和热情关心干部结合起来，推动广大干部心情舒畅、充满信心，积极作为、敢于担当。要支持和保护那些作风正派又敢作敢为、锐意进取的干部，最大限度调动广大干部的积极性、主动性、创造性，激励他们更好地带领群众干事创业。要更广泛更有效地调动干部队伍的积极性，必须做到激励、约束两手抓。既要求干部自觉履行组织赋予的各项职责，严格按照党的原则、纪律、规矩办事，不滥用权力、违纪违法，又对领导干部在政策上激励、工作上支持、待遇上保障、心理上关怀，让广大干部心情舒畅、充满信心，积极作为、敢于担当。习近平总书记还强调：党的干部是党的事业的骨干。干部干部，干是当头的，既要想干、愿干、积极干，又要能干、会干、善于干，其中积极性又是首要的。为了提高领导执行的力度和效度，需要更广泛更有效地调动干部队伍积极性，不断提高工作精气神，去激励他们想执行、愿执行、敢执行。党组织对待干部，既要严格管理，又要热情关心。要保护作风正派、锐意进取的干部，真正把那些想干事、能干事、敢担当、善作为的优秀干部选拔到各级领导班子中来，激励他们更好地带领群众干事创业，确保如期全面建成小康社会，不断开创社会主义现代化建设新局面。①

七、讲究工作方法

正确的工作方法是做好领导执行的重要保证。掌握了正确的执行方法，工作往往能收到事半功倍的效果。工作方法是毛泽东同志在领导革命和建设中极为重视的问题。他说："我们不但要提出任务，而且要解决完成任务的方法问题。我们的任务是过河，但是没有桥或没有船就不能过。

① 习近平：《在省部级主要领导干部学习贯彻十八届五中全会精神专题研讨班的讲话》（2016年1月18日），人民出版社，2016年5月。

不解决桥或船的问题，过河就是一句空话。不解决方法问题，任务也只是瞎说一顿。”习近平总书记不仅重视工作任务的落实，而且高度重视工作执行的方法。习近平总书记系列重要讲话，运用辩证唯物主义和历史唯物主义世界观和方法论，既部署“过河”的任务，又指导如何解决“桥或船”的问题，贯穿了科学思想方法和工作方法，为我们认识问题、分析问题、解决问题提供了有效的方法“钥匙”。习近平总书记指出：哲学是人类的智慧之学。学哲学、用哲学，是党的一个好传统。要坚持用马克思主义哲学教育和武装全党，党的各级领导干部特别是高级干部要原原本本学习和研读经典著作，努力把马克思主义哲学作为自己的看家本领，掌握科学的世界观和方法论，更好认识规律，更加能动地推进工作。另外，习近平总书记还强调指出：各级领导干部要掌握战略思维、历史思维、辩证思维、创新思维、底线思维等科学的思想方法和能力。历史思维能力，就是以史为鉴、知古鉴今，善于运用历史眼光认识发展规律、把握前进方向、指导现实工作的能力。辩证思维能力，就是承认矛盾、分析矛盾、解决矛盾，善于抓住关键、找准重点、洞察事物发展规律的能力。创新思维能力，就是破除迷信、超越过时的陈规，善于因时制宜、知难而进、开拓创新的能力。底线思维能力，就是客观地设定最低目标，立足最低点，争取最大期望值的一种积极的思维能力。领导干部要认真学习运用这些思想方法观察事物、分析问题，不断增强工作的科学性、预见性、主动性和创造性。在具体的工作时间中，习近平总书记着重强调：领导干部在工作中一定要懂得和运用“吃透上情”和“摸透下情”相结合的方法。要架好“天线”，对中央的政策全面领会和准确把握，知其然并知其所以然；要铺好“地线”，通过反复调查研究，对本地区本单位实际情况，知其可为并知其不可为；要接通“连接线”，把中央的精神和本地区本部门本单位实际结合起来，形成自己的工作思路和工作措施，干出特色、干出水平。[①]领导干部做好执行，不仅要做好“上下结合”工作，而且要懂得局部与整体的关系，增强全局意识，坚持局部服从全局，搞好统筹兼顾。如习近平总书记强调，“正确的工作方法对广大干部显得尤为重要。我们既要大处着眼，学习曹冲称象，善于把本地区、本部门的工作这头‘象’，置于构建和谐社会全局这条‘大船’上来定位和谋划，提出前瞻性的工作思路；同时，又要从小处着手，学习庖丁解牛，善于从具体的现象中把握客观规律，以有效抓手之‘无厚’，入关键环节之‘有间’，拿出具体的工作措施，抓好落实，取得实效。这样，我们就能够较好地防止方法上的不当，游刃有余、有条不紊地推进工作”[②]。再如，习近平总书记就处理复杂经济利益关系和社会矛盾时指出，方法对头，事半功倍；方法失当，事倍功半。要做到结合实际，突出重点；讲辩证法，坚持两点论；善做善成，务求实效。[③]

八、完善制度建设

制度建设是保证领导执行顺利有效进行的全局性、根本性、长期性问题。党的十八大报告明确强调“要把制度建设摆在突出位置”。制定和执行，是制度建设缺一不可的两面。既要实施制度创新，更要抓好制度的执行。制度的生命在于执行。领导干部的任何执行活动都是在一定制度框架内进行。对于领导干部执行力的提高，既要靠领导干部的自觉性，更要靠制度建设的保证。领导干部抓好执行，具有良好的精神状态和优良的作风

---

① 摘自《习近平党校十九讲》，《关于干部队伍建设的几点思考》，第107页。

② 摘自《掌握正确的工作方法》（2006年12月8日），《之江新语》，浙江人民出版社，2007年版，第243页。

③ 习近平：《干在实处　走在前列》，中央文献出版社，2014年3月版，第548—549页。

很重要，建立科学管用的制度同样很重要。制度建设的科学性、规范性、约束性、激励性、满意性对领导执行产生重要影响。对此，习近平总书记也做出系列重要指示。

一是制度建设的系统性。领导干部抓好执行，具有良好的精神状态和优良的作风很重要，建立科学管用的制度同样很重要。制度建设是一个系统工程，只有当各种制度要素实现内在的有机结合，实现科学合理的连接，形成制度体系的闭环效应，使各种规定之间是相互协调、互相照应的关系，执行才能顺畅起来。一套经过科学设计的良好制度，可以使执行事半功倍，四两拨千斤；而不适当的制度，越是严格执行，和美好愿望越是南辕北辙。关于制度的系统性，习近平总书记指出："要搞好配套衔接，做到彼此呼应，增强整体功能。"[①]"要以改革创新精神，坚持立破并举；既要及时清理不适应形势发展需要的制度，又要抓紧完善和健全新的制度，形成更加成熟更加定型的制度体系。"[②]在实际工作中，为了提高工作执行力，必须完善科学决策制度、责任分解落实制度、保障落实制度、监督检查制度、绩效考核制度、激励奖惩制度等，只有确保工作链条制度的完整性和系统性，才能确保工作落到实处，得到执行。

二是制度建设的规范性。制度建设的规范性对于提升领导干部执行力十分重要。规范的制度可以大大提升领导干部执行力，不仅可以使领导干部清楚地知道我们有哪些制度，而且知道做什么，怎么做；不该做什么，做了有什么危害。关于制度的规范性，习近平总书记指出："最根本的是严格遵循执政党建设规律进行制度建设……既要有实体性制度，又要有程序性制度；既要明确规定应该怎么办，又要明确违反规定怎么处理，减

① 习近平：《论补齐党内制度短板》，人民网，2016-04-13。

② 习近平：《论补齐党内制度短板》，人民网，2016-04-13。

少制度执行的自由裁量空间。”[①]关于制度的不规范性，习近平总书记也作出过重要指示，“有些制度条文虽多，但过于抽象笼统，只有定性的规定，没有定量的指标要求，有的缺乏具体的实施细则和可操作性的规定，造成了一些制度的运行不畅。有的制度滞后于实践发展和形势需要，有的同宪法和法律、既有方针政策不一致，有的相互之间交叉重复、冲突打架。另外，存在制度数量庞杂、新旧并存问题。”对此，习近平总书记还进一步强调，“我们的制度有些还不够健全，已经有的铁笼子门没关上，没上锁。或者栅栏太宽了，或者栅栏是用麻秆做的，那也不行”[②]。

三是制度建设的实用性。制度建设要讲究实用性，杜绝形式主义。关于制度的实用性，习近平总书记指出：“不管建立和完善什么制度，都要本着于法周延、于事简便的原则，注重实体性规范和保障性规范的结合和配套，确保针对性、操作性、指导性强。”现在不少地方的制度建设还停留在文件上、说在嘴上、贴在墙上，是一种运动式、突击式的制度建设，看起来很周密、很具体，也很热闹，所谓“七不准”“八不要”，所谓“长效机制”都有了，政府官员大会号召，小会强调，似乎已家喻户晓，但仔细观察，许多制度只是把它变成了文件，变成了印刷体而已，并无内容上的实质性推进。正如习近平同志所说，“制度不在多，而在于精，在于务实管用，突出针对性和指导性。如果空洞乏力，起不到应有的作用，再多的制度也会流于形式”“有生命力的制度，应当是科学合理、务实管用、适应需要、便于执行的好制度”[③]。

四是制度建设的约束性。人民群众赋予领导干部的权力具有两面性，权力的执行既可以为民做事，也可以为己牟利。如果领导干部手中的权力

① 习近平：《论补齐党内制度短板》，人民网，2016-04-13。
② 习近平：《论补齐党内制度短板》，人民网，2016-04-13。
③ 习近平：《论补齐党内制度短板》，人民网，2016-04-13。

得不到有效约束，就不可能做到“执政为民”。邓小平同志讲过，制度好可以使坏人无法任意横行，制度不好可以使好人无法充分做好事，甚至会走向反面。所以，要充分发挥制度对权力的约束作用。习近平总书记指出，“要加强对权力运行的制约和监督，把权力关进制度的笼子里，形成不敢腐的惩戒机制、不能腐的防范机制、不易腐的保障机制”①。保证领导干部执行力，不仅需要好的制度，还需要加大对好制度的执行力度，更需要做到制度面前人人平等。习近平总书记强调，“要加大制度贯彻执行力度，让铁规发力、让禁令生威，确保各项法规制度落地生根。要加强监督检查，落实监督制度，用监督传递压力，用压力推动落实”②“要增强制度执行力，制度执行到人到事，做到用制度管权管事管人”“要坚持制度面前人人平等、执行制度没有例外，不留‘暗门’、不开‘天窗’，坚决维护制度的严肃性和权威性，坚决纠正有令不行、有禁不止的行为，使制度成为硬约束而不是橡皮筋”③。

五是制度建设的激励性。更广泛、更有效地调动领导干部抓落实、重执行的积极性，必须要有相应制度做保障。不仅需要正确的选人、用人制度，而且需要完善的考核评价制度。通过进一步健全完善相关制度，大力推进改革创新，营造出更加浓厚的干事创业氛围，就能把干部队伍中蕴藏的巨大工作热情、创造活力、干事潜能引导好、调动好、发挥好，为谱写中华民族伟大复兴中国梦提供强大动力。给想干事、能干事、干成事的干部以应有的舞台，使懒政、怠政、不作为的干部没有市场，使鼓励实干实政的导向更加鲜明、更加有力。使那些重实际、说实话、务实事、求实效的干部，不仅不吃亏，而且受到鼓励、褒奖、重用；使那些做表面文

① 习近平:《论补齐党内制度短板》，人民网，2016-04-13。

② 习近平:《论补齐党内制度短板》，人民网，2016-04-13。

③ 习近平:《论补齐党内制度短板》，人民网，2016-04-13。

章、搞劳民伤财的“形象工程”和“政绩工程”、跑官要官的干部，不仅捞不到好处，而且受到批评和惩处。正如习近平总书记指出，“干部人事制度改革，要在完善科学有效的选人、用人机制上下功夫，通过制度改革和严格执行制度，解决长期存在的老大难问题，使各方面优秀干部充分涌现”①“要改进考核方法手段，既看发展又看基础，既看显绩又看潜绩，把民生改善、社会进步、生态效益等指标和实绩作为重要考核内容，再也不能简单以国内生产总值增长率来论英雄了”②。

六是制度建设的满意性。制度执行的目标群体主要是人民群众。人民群众对制度执行的满意度是检验领导干部制度执行效果的关键因素。人民群众对制度执行态度通常有三种：赞成或接受政策；否定或反对政策；对政策抱无所谓的态度。人民群众对既定制度从态度到行为是否赞成、拥护，是制度执行是否顺利的关键。一般来讲，人民群众对制度政策越赞成、拥护和支持，越自觉按正常规章办事，其执行力度就越大，效果越好；反之，制度政策执行就越受到阻滞，甚至无法执行。总之，人民群众对制度的满意度是检验制度执行的核心标准。习近平总书记指出，“为人民服务是我们党的根本宗旨，也是各级政府的根本宗旨。不论政府职能怎么转变，为人民服务的宗旨都不能变。要坚持以人为本、执政为民，接地气、通下情，想群众之所想，急群众之所急，解群众之所忧，在服务中实施管理，在管理中实现服务。要加强公务员队伍建设和政风建设，改进工作方式，转变工作作风，改变门难进、脸难看、事难办现象，纠正老爷作风、衙门习气，杜绝吃拿卡要那一套，提高工作效率和服务水平，提高政府公信力和执行力”。③

---

① 习近平：《论补齐党内制度短板》，人民网，2016-04-13。

② 习近平：《论补齐党内制度短板》，人民网，2016-04-13。

③ 习近平：《论补齐党内制度短板》，人民网，2016-04-13。

CHAPTER 09

第九章

提升领导执行的艺术手法

领导艺术是领导者个人素质的综合反映，是因人而异的。黑格尔说过“世界上没有完全相同的两片叶子”，同样也没有完全相同的两个人，没有完全相同的领导者和领导模式。领导艺术就是领导者在实际工作中处理事务、问题时所表现出来的创造性方式、方法，或者说是领导者的经验、技能、技巧。领导者在领导活动的过程中，灵活地运用领导艺术可以大大提升领导执行活动效果。习近平总书记指出：“一个高明的领导，讲究领导艺术，知关节，得要领，把握规律，掌握节奏，举重若轻。”①

一、“会团结”

团结，是由多种情感聚集在一起而产生的一种精神。团结是领导执行顺利进行的重要保证。“团结就是力量”“天时不如地利，地利不如人和”。习近平总书记曾经指出：“每个领导干部都要正确对待自己，正确对待同志，正确对待组织，对有些事要拿得起、放得下，豁达一些，做到严于律己，宽以待人，大事讲原则，小事讲风格，在合作共事中加深了解，在相互支持中增进团结，形成领导班子的整体合力。”② 一个人的力量是有限的，

① 习近平，《干在实处　走在前列》，中共中央党校出版社，2006年12月第1版，第553页。

② 习近平，《之江新语》，《大事讲原则，小事讲风格》，浙江人民出版社，2007年版，第8页。

对领导干部来讲，要提高领导执行的能力，成就一番事业，就必须团结班子、团结同事、团结下属，朝着一个目标把工作向前推进。正如习近平总书记所说，我们所追求的团结，是建立在党性原则基础上，同志们是掏心见胆、并肩奋斗的真团结，而不是那种表面一团和气、实际上相互较劲设防的假团结。对于前者，我们要大力提倡和表彰；对于后者，我们要坚决反对和纠正。习近平总书记指出："懂团结是真聪明，会团结是真本领。团结出凝聚力、出战斗力、出新的生产力，也出干部。能不能坚持民主集中制，搞好班子团结，是衡量领导干部素质特别是检验'一把手'工作能力和水平高低的重要标志。"[①]

伟大的发明家爱迪生，一生中有 2000 多项发明，平均 13 天一项。这么多项发明，对于一个人的有限精力和生命来讲，实在是不可思议的。但爱迪生却把它变成了现实，其中的奥秘就在于爱迪生能有效团结实验室的 3 个得力助手：第一个是美国人奥特，他在机械方面独具专长，超过了爱迪生；第二个是英国人白契勒，他沉默寡言，善于钻研，常常提一些古怪离奇的问题，给爱迪生极大启发；第三个是瑞士人克鲁西，他擅长绘图，爱迪生的手稿无论多么潦草，他都能照着制成正式的机械图。一个好汉三个帮，一个篱笆三个桩，三个得力助手的极力帮助最终成就了爱迪生的事业。

一是团结要靠共同事业。毛泽东同志指出，"我们都是从五湖四海汇集聚拢来的，我们不仅要善于团结和自己意见相同的同志，而且要善于团结和自己意见不同的同志一道工作"。[②] 领导干部之间的团结合作应当建立在以工作和事业为重的原则之上，把心拴在共同的理想、事业和目标上。要用事业凝聚人心，用事业团结人带领人。因此，要注重发挥每一位班子成员的聪明才智，在集体充分酝酿的基础上，制定出既振奋人心，又切实

---

① 习近平，《干在实处　走在前列》，中共中央党校出版社，2006 年 12 月第 1 版，第 552 页。

② 《毛泽东选集》第 4 卷，《党委会工作方法》，1991 年版，第 1443 页。

可行的长远规划和具体工作目标，逐步形成一个较为完整的目标体系，激发班子成员一心一意朝着共同的方向努力，从而在干事业中体现团结，在具体行动上维护团结。

二是团结要靠胸襟宽阔。领导干部在彼此的共事过程中，要胸怀坦荡，相互宽容，唯有如此才能心往一处想，劲往一处使。毛泽东同志指出："所谓团结，就是团结跟自己意见分歧的，看不起自己的，不尊重自己的，跟自己闹过别扭的，跟自己做过斗争的，自己在他面前吃过亏的那一部分人。"① 他还指出：领导干部团结的要义是"不但要团结和自己意见相同的人，而且要善于团结那些和自己意见不同的人，还要善于团结那些反对自己并且已被实践证明是犯了错误的人"。②

三是团结要靠公道正派。领导班子的团结，关键在"一把手"，也就是"一把手"要有较高的领导水平和思想境界，靠公心实现公正，靠人格凝聚人心。对待同事，一视同仁，不搞"小圈子"，不厚此薄彼。班子中发生的问题要慎重处理。在总结成绩时，对每个班子成员作用发挥情况和工作实绩，都要予以实事求是、客观公正的评价。尊重班子成员，以诚待人，严于律己，牢记："输"（书）一点的领导最后可能是赢家，什么事都要搞赢的领导最后可能是输家，多考虑自己怎样干好才行，少讲别人不行。在共事的过程中，只要大家能够心往一处想、劲往一处使，大事讲原则、小事讲风格，勤沟通、多补台，一把尺子待人、一个标准行事，就没有统一不了的意见，就没有化解不了的矛盾，就没有迈不过的坎。即使因工作争得面红耳赤，也不会彼此计较，更不会秋后算账。

---

① 《毛泽东文集》第 7 卷，《增强党的团结，继承党的传统》，人民出版社，1996 年版，第 92 页。

② 《毛泽东文集》第 7 卷，《增强党的团结，继承党的传统》，人民出版社，1996 年版，第 92 页。

四是团结要靠规矩巩固。“不以规矩，不能成方圆。”领导干部必须懂规矩，懂党的规矩，懂政治规矩。把懂规矩作为衡量一个干部是否合格的重要标准。从实践看，人管人，管不住，也管不好，运用好制度好规矩才能真正管住人、管好人。始终把纪律和规矩挺在前面，发挥制度的刚性约束力。对党忠诚老实，言行一致，坚决反对一切派别组织和小集团活动，反对阳奉阴违的两面派行为和一切阴谋诡计。在思想作风和组织纪律上同一切不团结的倾向做斗争，用好诫勉谈话、组织调整乃至纪律处分等手段，促进党的团结统一，形成不让老实人吃亏、不让投机钻营者得利的鲜明导向，真正使重团结、讲团结的优良传统得到弘扬。

五是团结要敢于自我批评。批评与自我批评是我们党的优良传统，是解决党内矛盾的有力武器，也是清除党内各种政治灰尘和政治微生物的有力武器。我们党能够依靠自身力量解决自身问题，靠的就是批评与自我批评。既敢于批评，有讲真话的勇气，又善于批评，有能让人听得到、听得进真话和老实话的方法。批评要出以公心、心怀善意、讲究方法，克服好人主义和自由主义思想。坚持“团结—批评—团结”的原则，打消自我批评怕丢面子、批评上级怕穿小鞋、批评同级怕伤和气、批评下级怕失选票等顾虑，从真心帮助的愿望出发，开展严肃认真的批评，通过及时咬咬耳朵、扯扯袖子，最终达到既弄清思想又团结同志的目的。正确对待别人对自己的批评，特别是对于不了解情况的误解和有失偏颇的不正确批评，要以宽广的胸怀虚心接受，做到有则改之、无则加勉。毛泽东同志说过：“定期召开会议，进行批评和自我批评，这是一种同志间相互监督，促进党和国家事业迅速进步的好办法。”

六是团结要讲方式方法。作为党委主要领导，要自觉坚持民主集中制的原则，搞好思想统一，尊重大多数人的意见，对重大问题的研究决策，要先议政后议事。面对重大事情时，要注重多商量、多沟通、多通气，千万不可一锤定音、先声夺人，给人霸气的感觉；另外一定要克服听取别人意见时不耐烦、不耐心，比较急躁的心态。作为领导干部不仅要不断提高自我的理想信念、意志、品德，也要自我调适性格，学会管控自我情绪。在工作中，坚持落实负责制，总揽全局，全面负责，对副职和部门领导分工明确，责权明确，程序明确，大胆启用，放手使用，以良好的工作秩序营造讲团结的良好氛围。在日常生活中，多做培养人、帮助人、关心人、爱护人的工作，不积累矛盾，努力创造和维护团结一致的局面。切记无论是批评还是自我批评，都要实事求是、出于公心、与人为善，不搞“鸵鸟”政策，不马虎敷衍，不文过饰非，不发泄私愤。

二、“懂结合”

马克思主义哲学告诉我们：矛盾的普遍性和特殊性、共性和个性的关系的道理，是矛盾问题的精髓，也是唯物辩证法的精髓。这个道理，贯穿于对立统一规律和唯物辩证法其他原理之中。矛盾的普遍性和特殊性、共性和个性的关系的道理，给我们提供了正确认识世界、认识矛盾的一般法则。人类的认识总是先从认识个性开始，经过抽象，把握该类事物的共性；然后在共性的指导下，再去研究新的个性。人类认识的一般秩序是：“个性—共性—个性”或“矛盾的特殊性—矛盾的普遍性—矛盾的特殊性”。矛盾的普遍性和特殊性、共性和个性的道理，既是马克思主义的普遍真理同各国革命具体实践相结合这一原则的哲学基础，又是建设有中国特色的社会主义这一理论的哲学基础。领导干部掌握“懂结合”的工作方法，就是在工作中如何认识和运用普遍性和特殊性、个别与一般、理论与实际相结合的关系。

一是把握好普遍与特殊相结合。党和国家的方针政策及上级的决定、决议，都是有其客观依据的，反映了事物发展的客观规律和现实要求，具有普遍的意义。所以，执行时必须有严格的党性原则，坚决贯彻执行不走样，绝不允许各行其是。但具体到一个地方、一个单位，情况又千差万别，有自己的特殊性，在执行时又不能照本宣科，生搬硬套。这就要求在执行中，把普遍性与特殊性结合起来，吃透上情，了解下情，既确保上级的决策精神不变，又能从实际出发，实事求是地贯彻执行。

二是把握好对上与对下相结合。每一项决策的贯彻，任何一项任务的完成，都要有领导和群众的两个积极性。在执行过程中，只有把领导者的决策意图变为群众的意愿和自觉行动，才能把蓝图变为现实。目前，我国的经济体制改革处在最关键的时期，各项改革措施的顺利实施，要求各级领导干部要解放思想，实事求是，一切从实际出发，把党的方针政策同各地区、各部门、各单位的实际密切结合起来，创造性地贯彻执行。我们既要对上级精神坚决贯彻，做到不折不扣，也要从实际出发，因地制宜，创造性地贯彻执行，使上级的原则指示，进一步丰富、深化和发展，有所创新，从而变为具体的丰硕果实。

三是把握好理论与实际相结合。“理论联系实际”是对马克思主义普遍真理同革命和建设的具体实践相结合原则的概括表述，是马克思主义最基本的原则之一。其基本精神是达到主观和客观、理论和实践、知和行的具体的历史统一。马克思主义经典作家一再申明和强调，马克思主义不是教条，而是行动的指南，不是终结真理，而是为认识真理开辟了道路。马克思主义这种实践性品格，决定了学习马克思主义只有理论联系实际，才能真正学懂弄通；也只有理论联系实际，才能真正学好用好。从党的历史上看，什么时候理论和实际结合得好，党的事业就蓬勃发展；反之，党的事业就遭受挫折。无论是革命战争年代还是社会主义建设时期，学风不正，理论脱离实际，主观主义、教条主义、本本主义盛行，党的事业就要遭受巨大挫折，付出沉重代价。理论联系实际的基本要求是坚持向人民群众学习。理论联系实际的根本方法是坚持向实践学习。毛泽东同志指出："按照实际情况，决定工作方针，这是一切共产党员所必须牢牢记住的最基本的工作方法。我们所犯的错误，研究其发生的原因，都是由于我们离开了当时当地的实际情况，主观地决定自己的工作方针。这一点，应当引为全体同志的教训。"①作为一名领导干部，就是要发扬我党一贯倡导的理论联系实际的优良作风，一方面注重理论学习，一方面注重运用理论解决实际问题。做到勤奋好学，学以致用。

历史上"纸上谈兵"的故事就是典型的理论脱离实际带来危害的例子。战国时期，赵国大将赵奢曾以少胜多，大败入侵的秦军，被赵惠文王提拔为上卿。他有一个儿子叫赵括，从小熟读兵书，爱谈军事，别人往往说不过他，因此很骄傲，自以为天下无敌。然而赵奢却很替他担忧，认为他不过是纸上谈兵，并且说，将来赵国不用他为将便罢，如果用他为将，他一定会使赵军遭受失败。果然，公元前 259 年，秦军又来犯，赵军在长平坚持抗敌。那时赵奢已经去世。廉颇负责指挥全军，他年纪虽高，打仗仍然很有办法，使得秦军无法取胜。秦国知道拖下去于己不利，就施行了反间计，派人到赵国散布"秦军最害怕赵奢的儿子赵括将军"的话。赵王上当受骗，派赵括替代了廉颇。赵括自认为很会打仗，死搬兵书上的条文，到长平后完全改变了廉颇的作战方案，结果 40 多万赵军尽被歼灭，他自己也被秦军箭射身亡。赵括败亡的原因在于，不懂得将理论和实际有效结合，未能从实际出发，不顾现实情况变化，只顾纸上谈兵。

作为领导干部，"懂结合"的工作方法，是执行力强弱的重要表现之一，要通过多种途径有意识地提高"懂结合"的能力。

---

① 摘自《毛泽东选集》第 4 卷，《在晋绥干部会议上的讲话》，人民出版社，1991 年版，第 1308 页。

一是强化理论知识积累。面对世情、国情、党情的新变化，面对各种困难和风险的新考验，只有学好科学理论，尤其是学好党的创新理论，才能具备理论联系实际的坚实基础。学习党的创新理论应注重历史和现实、国内和国际的结合，深刻领会贯穿其中的马克思主义基本原理和世界观、方法论，做到抓住实质，全面正确把握。发扬“挤”和“钻”的精神，科学安排理论学习，带着问题学，把理论学深、学透。摒弃经验主义倾向，防止和克服“差不多”“无所谓”思想，提高学习效率，增强学习效果，把党的创新理论作为理想信仰来坚守，作为思想武器来掌握。

二是注重调查实践研究。理论联系实际不仅要吃透科学理论，还要吃透客观实际，二者都不能偏废。遵循党的思想路线和群众路线，切实做到一切从实际出发，心系群众、深入群众。畅通联系群众的渠道，使调查研究成果更加全面客观，符合人民群众的诉求。把握客观性、科学性、系统性等调查研究的各项原则。运用现代科学技术，提高调查研究的效率，调研中要围绕问题开展，有的放矢。运用马克思主义的立场、观点、方法收集资料，并在搜集大量素材的基础上，进行去伪存真、去粗取精，进行综合分析，取得符合实际的研究成果。

三是把握全面联系的观点。习近平总书记指出：领导干部“必须学会运用联系的、发展的、全面的观点看问题，努力在吃透上情、摸清下情、把握内情、了解外情上下功夫，真正把人民群众所想、所盼、所急，贯穿于科学决策、科学规划、科学发展的领导工作实践中，真正把对上负责和对下负责一致起来”①。第一，联系全面和局部两个实际。联系全局的实际，就是联系社会主义初级阶段基本国情的实际，联系党和国家工作大局的实际，联系改革发展稳定的实际；联系局部的实际，就是坚持具体问题具体

① 习近平，《干在实处　走在前列》，中共中央党校出版社，2006年12月第1版，第543页。

分析，认认真真地研究本地区、本部门、本单位乃至每个人、每件事的情况，把问题找出来，把家底搞清楚。第二，联系现实和历史两个实际。善于联系历史，才有助于吸取历史的经验教训，避免走弯路、犯错误，注重把握社会的发展、历史的进步是一个过程，现实是历史的延续。第三，联系国际和国内两个实际。树立世界眼光、战略思维，善于统筹国际和国内两个大局。

三、“能表达”

表达能力又叫作表现能力或显示能力，是指一个人善于把自己的思想、情感、想法和意图等，用语言、文字、图形、表情和动作等清晰明确地表达出来，并善于让他人理解、体会和掌握。作为领导干部，正确、精准的表达是一种素质，直接表明领导的思想意图，关系到领导工作执行的效果，反映出领导干部能力的高低，是提高和增强领导干部能力的一个重要方面。毛泽东等老一辈国家领导人都十分注重自我的表达能力。习近平总书记的讲话，善于用讲故事、举事例的形式来表达事实，善于用聊天式、谈心式的语气来阐明观点，语言风格基本都是大白话、大实话和群众语言，这种表达的风格和特点，充满吸引力、感染力、号召力。领导干部只有不断强化自己的表达能力，不断提升表达水平，才能更好地号召人、发动人、鼓舞人。

中国历史上，出现过众多像孔子、孟子、苏代、烛之武等擅长表达、擅长游说的人。特别是战国时期，出现了一批对政治形势娴熟、善于辞令和权术的纵横家。这些纵横家“一怒而诸侯惧，安居而天下熄”，声名显赫。战国中后期出现的纵横家代表，就是有同窗之谊的苏秦与张仪。苏、张二人面对战国七雄中秦国最强大、各国图强争霸白热化的局面，审时度势，提出了两种截然不同、互相对立的主张。以苏秦为代表的一派，主张弱国要联合起来，“合众弱抗强”共同对付秦国，称为“合纵”。以张仪为首的一派，主张以“众弱事一强”即弱国中的某几国应“事秦”，也就是依附于秦国攻击其他国家，称为“连横”。战国时期的纵横家们可谓是“一言兴邦、一言衰邦”，他们凭借“三寸不烂之舌”，不断助推和改变着当时的政治形势。从张仪苏秦“纵横捭阖”的历史可以看出，高超、正确的表达对国家、社会和个人的发展都极其重要。领导干部表达时，一定要把握以下三点：

一是要有创新。对于领导干部而言，照抄照搬、泛泛而谈是不会思考、不敢创新、不讲实际的表现。领导干部要在对上级精神学深学透、入心入脑、领会精神实质的基础上进行表达。要紧密结合本地区、本部门、本单位的实际，进行理性思考，有创造性地提出自己切合实际的想法、意见，真正用脑子说话、用实情说话、用实力说话，确保上级政策不跑调，群众愿望不落空。

二是要显朴实。领导干部要敢于讲真话、道实情，实事求是，不夸大缩小、虚报浮夸。坚持说实话、办实事、谋实效，避免华而不实，文过饰非的空话、套话，坚决杜绝说言之无物的漂亮话、客套话。在工作实践中，注意身份、恪守原则、考虑场合，不断加强表达行为与艺术方面的锤炼，自觉抵制与反对说庸俗话，不该说的话坚决不说，真正展现新时期领导干部的应有素质和浩然正气。

三是要具真情。讲究语言表达艺术，掌握语言技巧，既要简洁又要生动，切实增强语言表达的针对性。注重平等对话，融入情感交流。改进表达方法，不断从表达中密切与干部群众的关系，增进与干部群众的感情，努力塑造好新时期领导干部的良好形象。不管对上级领导还是对下面群众，沟通交流都要从心理上、感情上拉近距离，用自己的满腔热情去感染人，做到热情而不谄媚，尊重而不逢迎，灵活而不失原则。领导干部做群众工作，语言表达很重要。习近平总书记指出："语言的背后是感情、是思想、是知识、是素质。不会说话是表象，本质还是严重疏离群众，或是目中无人，对群众缺乏感情；或是身无才干，做工作缺乏底蕴；或是手脚不干净，形象不好缺乏正气。"①

四、"肯倾听"

倾听属于有效沟通的必要部分，以求思想达成一致和感情的通畅。倾听不是简单地用耳朵来听，它也是一门艺术。倾听不仅仅要用耳朵来听说话者的言辞，还需要一个人全身心地去感受对方的谈话过程中表达的言语信息和非言语信息。心理学家认为，倾听是一种对他人情感、语言表达的反应方式和增强对他人情感、心理体验的理解手段，可以帮助人了解他人的内心世界，使人与人之间形成良好的互动关系。倾听，是领导干部的一项重要工作。是否善于倾听，反映领导干部的领导水平和执政能力。自古以来，我国就有"言能听，道乃进"的执政理念，意思是说，只有能够听得进各方意见，才能使执政之道不断得到完善。所以，对领导干部来讲，倾听是一项重要的工作，不仅体现其道德修养，而且是提高执行力的重要手段。领导干部只有注重并善于倾听群众的意见和呼声，才能从群众中汲取智慧和力量，为科学决策打下良好的基础，从而真正做到扎扎实实、全心全意为人民群众谋利益。

古希腊哲学家阿那克西米尼晚年的时候声望很高，拥有上千名学生。一天，这位两鬓花白的老者蹒跚着走进课堂，手中捧着一摞厚厚的纸张。

---

① 习近平，《干在实处　走在前列》，中共中央党校出版社，2006 年 12 月第 1 版，第 526 页。

他对学生说："这堂课你们不要忙着记笔记，凡是认真听讲的人，课后我都会发一份笔记。一定要认真听讲，这堂课很有价值！"学生们听到这番话，立刻放下手中的笔，专心听讲。但没过多久就有人自作聪明——反正课后老师要发笔记，又何必浪费时间去听讲呢？于是开起了小差。临近下课时，这些学生觉得并没听到什么至理名言，不禁怀疑起来：这不过是一堂普通的课，老师为什么说它很有价值呢？课讲完了，阿那克西米尼将那摞纸一一发给每位学生。领到纸张后，学生们都惊叫起来："怎么是几张白纸呀！"阿那克西米尼笑着说："是的，我的确说过要发笔记，但我还说过请大家一定要认真听讲。如果你们刚才认真听讲了，那么请将在课堂上所听到的内容全部写在纸上，这不就等于我送你们笔记了嘛。至于那些没有认真听讲的人，我并没有答应要送他们笔记，所以只能送白纸！"学生们无言以对。有人懊悔听讲时心不在焉，面对白纸不知该写什么；也有人快速地将所记住的内容写在白纸上。后来，只有一位学生几乎一字不落地写下了老师所讲的全部内容，他就是阿那克西米尼最得意的学生，日后成为古希腊著名哲学家的毕达哥拉斯。阿那克西米尼满意地把毕达哥拉斯的笔记贴在墙上，大声说："现在，大家还怀疑这堂课的价值吗？"阿那克西米尼一贯主张，人生最大的财富是倾听。只有乐于并善于倾听，才可能成为知识的富翁，而那些不愿意倾听的人，其实是在拒绝接受财富，终将沦为知识的穷人。领导干部在执行工作的过程中，要学会"肯倾听"，才能提高执行工作的针对性、有效性。

一是要愿听。毛泽东同志在《关于领导方法的若干问题》中指出："在我们党一切实际工作中，凡属正确的领导，必须是从群众中来，到群众中去。"人民群众中蕴藏着无穷的力量和智慧。倾听群众呼声，贵在态度真诚，与群众平等相待、推心置腹，不但听认可、听赞扬，更要听建议、听批评，只有这样，才能掌握全面、客观、公正的第一手材料，及时发现工作的缺点和不足。拿出甘当小学生的勇气和态度，坚持真心实意、虚怀若谷的态度，杜绝高高在上、盛气凌人的架子，通过正确的倾听姿态，努力听到群众真言。

二是要真听。这是少数领导干部联系群众时遇到的尴尬。造成这种局面的一个重要原因，是这些领导干部不了解群众的要求、不熟悉群众的话语方式，只好讲一些空洞无物的官话、套话，或言不由衷、令人生厌的假话。领导干部要真正了解到不掺水的实际情况，应在深入调查研究的基础上，多讲有针对性、对群众口味的真话，同时还要有愿听实话尤其是带刺的实话的心胸。如果领导干部开诚布公、虚怀若谷，群众自然愿掏心窝子、讲实话；如果领导干部只愿听报喜、不愿听报忧，就很难交到知心的群众朋友，很难了解真实的基层情况，倾听的效果也就会大打折扣。

三是要常听。部分领导干部在工作中自以为是，对群众意见不以为然；有的只听顺耳的话，听不进半点不同意见；有的敷衍应付，听意见只是做做样子。这些都会损害党在人民群众中的崇高形象，破坏党和人民群众的血肉联系。领导干部如果只听个别人或某一方面的意见，不注意广泛地听、全面地听，就很容易受到蒙蔽；如果只满足于做做样子，想起来就听一次，忙起来就忘记了听，就不可能听出什么名堂；只有经常听、广泛听，才能对事物有较为科学、完整的认识，从而帮助其做出正确决策。

四是要下听。倾听群众呼声，要求领导干部深入基层、深入实际，与人民群众心心相印、亲密无间。在现实生活中，那些劳民伤财的形象工程与政绩工程，常常都是由于决策者闭目塞听、刚愎自用，或者为一己的政绩而歪曲民意所结出的苦果；而真实反映群众愿望、虚心吸纳群众智慧、充分发挥群众力量的决策和举措，往往能够经得起实践和历史的检验。领导干部只有经常深入实际、深入基层，与人民群众打成一片、推心置腹，才能真正了解他们的呼声和愿望，及时发现实际工作中的不足和症结。古人说："知屋漏者在宇下，知政失者在草野。"面对当前网络时代，习近平总书记在讲话中强调，各级党政机关和领导干部要学会通过网络走群众路线：很多网民称自己为"草根"，那网络就是现在的一个"草野"。网民来自老百姓，老百姓上了网，民意也就上了网。群众在哪儿，我们的领导干部就要到哪儿去，不然怎么联系群众呢？

五、"善激励"

美国心理学家亚伯拉罕·马斯洛在1943年在《人类激励理论》论文中提出：人类需求像阶梯一样从低到高按层次分为五种，分别是：生理需求、安全需求、社交需求、尊重需求和自我实现需求。美国心理学家赫茨伯格于1959年提出：激励保健理论。所谓激励因素，就是那些使职工感到满意的因素，唯有它们的改善才能让职工感到满意，给职工以较高的激励，调动职工积极性，提高劳动生产效率。它们主要有工作表现机会、工作本身的乐趣、工作上的成就感、对未来发展的期望、职务上的责任感等。所谓保健因素，就是那些造成职工不满的因素，它们的改善能够解除职工的不满。它们主要有企业的政策、行政管理、工资发放、劳动保护、工作监督以及各种人事关系处理等。双因素理论与马斯洛的需要层次理论是相吻合的，马斯洛理论中低层次的需要，相当于保健因素，而高层次的需要相似于激励因素。激励始终是促进干部干事创业、推动社会发展的有力保障，所以，"善激励"就是要解决好执行过程中"干与不干一个样""干多干少一个样""干好干坏一个样"的问题。通过激励机制使在工作执行中优秀的领导干部在思想上有劲头；政治上有奔头；经济上有甜头；能力上有出头。

古人云：善用人者能成事，能成事者善用人。中国古代军事家孙武说：

“杀敌者，怒也；取敌之利者，货也。车战，得车十乘以上，赏其先得者。”由此见之，士兵的奋勇杀敌主要取决于将领所采用的激励方法。周恩来同志是全世界公认的政治家和外交家，他对待下级的方式方法也充满与众不同的人情味，体现出与众不同的人格魅力。一次，他去某地视察工作，飞机着陆后，他同机组人员一一握手，表示感谢。这时机械师正蹲在地上工作，周恩来同志和其他同志握手后就站在机械师身后耐心地等他，并示意别人不要惊动他。机械师工作结束后转过身来，才发现总理站在身后，不禁大吃一惊，忙说“对不起，总理，我不知道您在等我”。周恩来笑着说：“我没影响你的工作吧？”“没有，没有”，机械师赶忙说。周恩来同志这种为他人着想、尊重他人的好品质、好作风深深地感动了机械师和在场的所有人，是当下领导干部学习的榜样。领导干部善给予，就是要多关心下属，多表扬下属，多为下属着想。恰当及时的给予，能有效提高下属工作的积极性，提高团队的战斗力，最终形成高效工作的强大合力。

作为领导干部，要很好地完成上级的决策和决定，必须依靠团队的力量，要理解下属的各种需求和表现，及时掌握他们的思想动态和行为变化，适时适度综合运用正向的精神、物质、政治、机会激励和批评、教育、处分等约束激励。

一是善用精神激励。精神激励，主要是通过政治理论学习，宣传教育和思想政治工作，帮助下属树立正确的人生观、世界观和价值观，牢固树立社会主义核心价值观，不忘初心，继续前进，激发干事创新的事业心和积极性。解决不想为的问题。

二是善用物质激励。习近平总书记提出，群众的需要就是我们工作的方向和目标。在社会主义初级阶段，就是要不断提高生产力的水平，不断满足人们日益增长的物质文化生活的需要。运用物质的手段使受激励者得到物质上的满足，从而进一步调动其积极性、主动性和创造性必要的辅助措施。

三是善用政治激励。“不想当元帅的士兵不是好士兵”。毋庸置疑，每个干部都期望组织上能够重用自己、提升自己。用好一个干部，可以激励一大片；错用一个干部，也可以挫伤一大群。要使干部队伍有活力，还要进一步完善干部选拔、使用的相关机制，可以激发干部干事的信心、热情和劲头。

四是善用机会激励。现代社会治理，对领导干部的治理能力提出新的更高要求。在实际工作中，有相当一部分干部出现了“本领恐慌”，主要表现在：新办法不会用，老办法不管用，硬办法不敢用，软办法不顶用。对于想干事愿干事的干部，在主观上有自我提升工作能力的需求，所以，要注重为干部能力提升、作用发挥提供机会和条件。

五是善用约束激励。实际工作中，在对领导干部进行正向激励的同时，还必须学会通过约束激励，来反向促进干事创业的积极性。对安于现状，不求进取，无所事事甚至违法乱纪的干部必须进行必要的批评教育甚至惩戒。以此来警示、鞭策、激发干部奋发有为、不甘落后、大胆创新的工作态度和工作表现。

六、“放下架子”

人们常说的“摆架子”指的是有些人装腔作势，有意显得高贵、了不起的样子，是用来讽刺显摆威风、居高临下、盛气凌人那种虚骄姿态和不实作风的。“放下架子”就是领导干部要放下架子、俯下身子挑起担子，亲民爱民，融入群众，勇挑重担，做好“人民的公仆”，全心全意为人民服务。习近平总书记在其《之江新语》中写道：群众看一名干部是否称职，其中一个重要方面是看其有没有“官架子”。领导干部是人民的公仆，是政声的传播者，是政策的推进者，是困难的解决者，只有放下架子，追求

"实干"，拉进与民众的距离，才能更好地了解民需，纠正落实的偏差。

现在确实有少数领导干部在群众中的形象不是很好，"官架子"不小。喜欢高高在上、发号施令；喜欢官腔官调，讲大话、说空话、说套话；喜欢颐指气使，动嘴不动手；喜欢独断专行，骄横狂妄，我行我素；喜欢坐着车子转，隔着玻璃看，蜻蜓点水，前呼后拥；喜欢逢场作戏、借机作秀、做做表面文章……

领导干部带着真感情，能够摆正位子、放下架子、俯下身子、抛开面子，与群众坐在一条板凳上拉家常、问冷暖，和群众一起流汗，以心换心，才能听到真话。毛泽东同志指出，"没有满腔的热忱，没有眼睛向下的决心，没有求知的渴望，没有放下臭架子、甘当小学生的精神，是一定不能做，也一定做不好的。"邓小平同志也曾指出："群众是我们力量的源泉，群众路线和群众观点是我们的传家宝。党的组织、党员和党的干部，必须同群众打成一片，绝对不能同群众相对立。如果哪个党组织严重脱离群众而不能坚决改正，那就丧失了力量的源泉，就一定要失败，就会被人民抛弃。"①

历史上有这样一则故事：齐桓公想拜见一个叫稷的小吏，一天去了三次也没有见到。跟随的人说："你作为有一万辆兵车的大国君王见一个平民百姓，一天去了三次却未见到，也可以停止了。"桓公说："不是这样的。有才能的人傲视爵位、俸禄，当然也要轻视他们的君王；君王如果轻视霸主，自然也会轻视有才能的人。就算士子小臣稷看不起爵位和俸禄，我又怎敢看不起中原霸主的大业呢？"就这样，齐桓公去了五次才见到小臣稷。其他国的国君听说了这件事，都说："齐桓公也放下架子对待平民，何况我们这些一般的国君呢？"于是一起前去朝拜齐桓公，很少有不到的。从古而今，像齐桓公一样放下身段、礼贤下士的例子不胜枚举。蔺相如容让廉颇，

① 《邓小平文选》第 2 卷，《贯彻调整方针，保证安定团结》（1980 年 12 月 25 日），人民出版社，1994 年版，第 368 页。

留下了“将相和”的美名；刘备屈膝求贤，三顾茅庐传为佳话。放下架子、谦恭待下者，方能登高望远。齐桓公之所以能够多次联合诸侯，一统天下，是因为他能够以良好的态度对待下属，通过自身示范带动，团结凝聚起人心。作为领导干部要做到“放下架子”，与群众为伍，必须做到以下几点：

一是树立正确的权力观。习近平总书记强调，领导干部要牢记权为民所赋，权为民所用。不论在什么岗位，都要把人民群众利益放在行使权力的最高位置，把人民群众满意作为行使权力的根本标准，做到公道用人、公正处事。权力和责任是对等的。看一个领导干部，很重要的是看其有没有责任感，有没有担当精神。各级领导干部要珍惜使命、不负重托，在难题面前敢于开拓，在矛盾面前敢抓敢管，在风险面前敢担责任，全心全意为人民服务。作为领导干部，不能因为自己的职务，而产生高高在上的优越感，要加强自身修养，在内心深处永远铭记，自己手中的权力来自于人民，应当把权力使用在全心全意为人民服务的事业上。

二是坚持为民服务思想。自觉把身子俯下来，主动放下“领导架子”，深入基层，把自己融入到群众中，亲眼看看群众的生产生活状况，弯下身子接地气，田间炕头话家常，针对群众反映的重点难点问题开展调研，及时摸情况、查实情、找问题、寻对策，建立与人民群众的深厚情谊。“我们应该深刻地注意群众生活的问题，从土地、劳动问题，到柴米油盐问题。妇女群众要学习犁耙，找什么人去教她们呢？小孩子要求读书，小学办起来没有呢？对面的木桥太小会跌倒行人，要不要修理一下呢？许多人生疮害病，想个什么办法呢？一切这些群众生活上的问题，都应该把它提到自己的议事日程上。应该讨论，应该决定，应该实行，应该检查。要使广大群众认识我们是代表他们的利益的，是和他们呼吸相通的。”[①]“只有代表群

① 《毛泽东选集》第1卷，《关心群众生活，注意工作方法》(1934年1月27日)，人民出版社，1991年版，第138页。

众才能教育群众，只有做群众的学生才能做群众的先生。如果把自己看作群众的主人，看作高踞于‘下等人’头上的贵族，那么，不管他们有多大才能，也是群众所不需要的，他们的工作是没有前途的。”①

三是杜绝形式主义作风。避免形式主义和“作秀”，把深入基层、深入群众，作为寻求群众智慧、寻找政策支撑的重要途径和方法，自觉按照“严”和“实”的标准，主动将自身置于改革发展的主战场、社会困难矛盾的最前沿，全心全意为群众排忧解难、谋取利益。“社会主义现代化建设的极其艰巨复杂的任务摆在我们的面前。很多旧问题需要继续解决，新问题更是层出不穷。党只有紧紧地依靠群众，密切地联系群众，随时听取群众的呼声，了解群众的情绪，代表群众的利益，才能形成强大的力量，顺利地完成自己的各项任务。”②

七、“做好样子”

古人说，“上为之，下效之”。领导干部的示范表率作用至关重要，“做好样子”就是在群众面前身先士卒，率先垂范。习近平总书记强调指出，群众看一名干部是否称职，除了看其有无“官架子”，还有一个重要方面是看其“官样子”做得好不好。毛泽东同志曾公开指出：“共产党员应在民族战争中表现其高度的积极性；而这种积极性，应使之具体地表现于各方面，即应在各方面起其先锋的模范的作用。”③具体来讲，在军队工作中，

---

①《毛泽东选集》第3卷，《在延安文艺座谈会上的讲话》(1942年5月)，人民出版社，1991年版，第864页。

②《邓小平文选》第2卷，《党和国家领导制度的改革》(1980年8月18日)，人民出版社，1994年版，第342页。

③《毛泽东选集》第2卷，《中国共产党在民族战争中的地位》，人民出版社，1991年版，第526页。

应该成为英勇作战的模范、执行命令的模范、遵守纪律的模范、政治工作的模范；在政府工作中，应该成为十分廉洁、不用私人、多做工作、少取报酬的模范；在统战工作中，应该成为实行抗战任务的模范，处理各党相互关系的模范；在生产建设中，应该成为劳动的模范。除此之外，还要成为学习的模范、团结的模范。毛泽东同志认为，共产党员的先锋模范作用应该体现在本职工作中，共产党员应是实事求是的模范，又是具有远见卓识的模范。只有实事求是，才能完成确定的任务；只有有了远见卓识，才能不失前进的方向。

1940 年 2 月 1 日，毛泽东在延安民众讨汪大会的讲演中颇为自豪地说："这里一没有贪官污吏，二没有土豪劣绅，三没有赌博，四没有娼妓，五没有小老婆，六没有叫花子，七没有结党营私之徒，八没有萎靡不振之气，九没有人吃摩擦饭，十没有人发国难财。"这种纯洁的党风，直接推动着中国革命的胜利前进，"打铁先需自身硬"。毛泽东不但是党的一系列优良作风的倡导者，更是行动的楷模。他先人后己，舍身忘我，最具有献身精神。他为中国人民的革命事业献出了六位亲人的生命。抗美援朝战争爆发，他送子参军，当别人劝阻时，他却说："谁叫他是毛泽东的儿子！他不去谁去？"后毛岸英为国捐躯。女儿上学，他不准用公车接送；收到礼品，他吩咐一律交公；亲友托他找工作，他一概拒绝；他身为党和人民的领袖，却过着和普通老百姓生活水平大体相当的日子；他自奉俭薄、匡世济人，对补丁衣服爱不释手，对困难群众却出手大方、关爱有加。他的一言一行总是散发出巨大的人格魅力，感召着广大党员干部，鼓舞着人民群众，有着巨大的凝聚力和向心力。

2012 年 12 月 4 日，中央政治局审议通过关于改进工作作风、密切联系群众的八项规定。三天后，习近平总书记赴广东考察，这是他就任总书记之后首次离京外出考察。而他也用实际行动践行了"首先要从中央政治局做起”“要求别人做到的自己先要做到”的承诺。12 月 7 日抵达深圳后，习近平总书记没有入住深圳迎宾馆的 1 号楼，而是选择了位于市中心福田区深南大道上的五洲宾馆。宾馆在准备会议室时，曾联系礼仪公司订购鲜花，最初预订的是大号鲜花，然后改成了中号的、小号的，最后干脆取消不摆了。习近平总书记也没有入住酒店的总统套房，而是入住了普通的商务套间。下榻期间在酒店吃的两顿饭，均是六菜一汤的自助餐。在深圳莲花山公园瞻仰邓小平塑像时，按照他的要求，景区不封园、不安检。12 月 29 日，习近平总书记又赴太行山区的河北阜平县考察，他的晚餐菜单随后被随行的新华社记者发到了网上，都是一些常见的家常菜。晚餐菜单四个热菜：红烧鸡块、阜平炖菜、五花肉炒蒜薹、拍蒜茼蒿；猪肉丸子冬瓜汤；主食是水饺、花卷、米饭和杂粮粥。习近平总书记还特别交代不上酒水。习近平总书记住的是阜平县招待所的一个小套间，只有 16 平方米，家具陈旧，卫生间瓷砖开裂。

在你的领导范围内，你就是鲜明的旗帜，“领导带了头，群众有劲头”；你就是主心骨，“领导有思路，群众有出路”；你就是方向，“领导有干头，群众有奔头”。上级垂范就是无声的命令。“其身正，不令而行。”习近平总书记身体力行，率先垂范转作风，以身作则正官风，要求别人做到的自己首先做到。领导干部要做学习党章、遵守党章的模范。凡是党章规定的党员必须要做到，领导干部首先要做到，凡是党章规定不能做的，领导干部也要带头做到遵守规定。领导干部要树立政治意识、大局意识、核心意识、看齐意识，切实做到讲政治、有信念，讲规矩、有纪律，讲道德、有品行，讲奉献、有作为，在坚定理想信念、坚持实事求是、推动科学发展、密切联系群众、加强道德修养、严守党的纪律等方面为广大领导干部做出表率。习近平总书记率先垂范，始终把责任举过头顶、把百姓装在心中，敢于负责、勇于担当。善于“做样子”、做表率，是领导干部提高领导力和执行力的关键。领导干部只有严格用优秀党员的标准要求自己，以身作则、率先垂范，充分发挥好带头模范作用，才能有效地团结、带领群众，干出一番事业来。

一是做执政为民的表率。始终把群众最关心最直接最现实的利益问题放在首位，把实现好、维护好、发展好人民群众根本利益作为工作的出发点和落脚点，经常倾听群众呼声，切实关心群众冷暖，做群众的贴心人，努力为群众办实事、做好事、解难事，在为人民服务、为干部职工服务中赢得群众的信任、支持和拥护。

二是做真抓实干的表率。领导干部要解放思想、实事求是，思考问题、做出决策都不能脱离实际，搞大而空的形象工程、政绩工程。要自觉克服官僚主义和形式主义，时时处处重实际、说实话、办实事、求实效，恪守为民之责，善谋富民之策，多办利民之事，以改进作风的实际行动，真正取信于民。

三是做遵规守纪的表率。腐败是群众最深恶痛绝的痼疾，廉政建设是群众最关注的焦点。廉政问题是领导干部的一条高压线、生命线，也是党的干部必须具备的基本素质。领导干部手中或多或少都掌握着一定的权力，要不为物欲所诱，不为名利所困，不为人情所扰，努力筑牢思想“防线”，守住道德“底线”，不触法规“红线”，在廉洁奉公上做守纪的模范，塑造和保持遵纪守法、清正廉洁的良好形象。

C H A P T E R 1 0

第十章

执行型领导干部的基本特征

现代管理学之父德鲁克在《未来的领导者》中指出："领导者缺乏执行力恰恰是导致失败的主要原因，现代的社会更需要的是执行型的领导者。"领导力本质上就是一种执行力，是运用自己的影响力将目标内化为组织内部每个成员自我实现、自觉达成目标的能力。因此，一个好的执行型领导，在性格、气质、能力、道德品质等方面，均具有比较突出的特征。

一、性格特征

性格一旦形成，对人生的影响是至关重要的。命运就像湍急河流上的一叶扁舟，性格则是唯一的舵手，它既可使你抵达光辉的彼岸，也可使你随波逐流。英国文豪狄更斯曾说过："一种健全的性格，比一百种智慧都更有力量。"这句名言告诉我们一个真理：有什么样的性格，就会有什么样的人生。作为领导干部，必须下更大功夫加强性格修养，以良好的性格去处人处事、推动执行。

一是为人正直，表里如一。正直是治国理政的根本要求，是为官做人的基本标准，也是一个共产党员为民奉献的先决条件之一。唐代史学家吴兢在政论史书《贞观政要》中说"理国要道、在于公平正直"。《尚书·洪范》也有言："人之三德：一曰正直，二曰刚克，三曰柔克。"不管是治国理政，还是为官做人，“正直”二字必须摆在至关重要的位置。作为执行型领导干部，只有为人正直，凭良心说话、按党性办事，胸襟坦荡，光明磊落，公道处事，正派为人，说老实话，办老实事，做老实人，对的敢坚持，错的敢反对，不唯书、不唯上、只唯实，言必信、行必果，诚实守信，不自作聪明，不搞阴谋，不搞小集团，不弄虚作假，不见风使舵，才会有服众的底气和被尊敬的资格。

二是开朗乐观，昂扬向上。生活中，只有从容淡定、心底无私的人，方可体味到人生的快乐；唯有心静如水、淡泊名利的人，才会保持乐观的心态和生活方式。开朗乐观、昂扬向上的良好心态，是干好工作、成就事业、维系家庭的重要条件，既是一种境界、一种气度、一种修养，更是一种能力、一种本领、一种精神。一个新时期的执行型领导干部，必然是积极乐观的，能始终保持昂扬向上的精神状态，思想上能很好地适应不断变化的新形势，时刻充满干事创业的激情，在荣誉与落后面前镇定自若，在困难与挫折面前矢志不渝，在喧哗与浮躁面前聚精会神，想方设法解决矛盾、战胜困难，干出一番成绩，成就一番事业。相反，如果精神萎靡不振、不思进取，总是怨天尤人，就容易错失发展良机，难以将各项工作不折不扣执行到位。

三是沉着冷静，办事稳重。孔子曾言：“君子欲讷于言而敏于行。”其意为，君子要尽力使自己做到话语谨慎，切忌说大话空话。历览古今前贤，不难发现，很多功成名就的大人物都有一个特点，即：为人沉稳，处事得体，说话谨慎。稳重是一个人走向成熟的重要标志，指的就是要在纷繁复杂的事物面前，既要有处乱不惊的风度，也要有当断则断的气度。在平时的工作中，常常会遇到突发事件和棘手的问题，在这种情况下，大家往往会把目光和希望集中到领导干部身上，等着领导干部拿主意，做决定。一事当前，许多领导干部的第一反应就是急躁、慌张，手忙脚乱，结果影响了事件的解决。作为执行型领导干部，只有时刻保持清醒的头脑和冷静的心态，经常反思自己，努力锻炼科学沉着冷静的思维，增强明辨是非、把握大势的本领，才能在纷繁复杂的矛盾面前，第一时间做出反应，调动自身的全部智慧，冷静清醒的思考，从而做出准确的判断，妥善加以处理，做到凡事泰然处之。

四是做人真诚，待人诚恳。鲁迅先生说过："搞鬼有术也有效，然而有限，故以此成大事者，古来无有。"以坦诚立世，才能行之必远；以奸诈欺世，终会遭人唾弃。作为执行型领导干部，要做到做人真诚、待人诚恳。首先，表现为对党和组织忠诚，珍爱自己岗位，维护党员荣誉，平常时候看得出来，关键时刻站得出来，危急关头豁得出来，用实际行动证明自己的忠诚和信仰。其次，表现为对待同事坦诚，襟怀坦荡、光明磊落，不耍小心眼，不搞"会上和气、会下斗气"，把每一位同志的进步看成自己的进步，把每一位同志的失误看成自己的失误，集聚团队正能量、形成工作"大合唱"。最后，表现为对朋友真诚，无论是"庙堂"之友，还是"草根"之友，领导干部都要忠诚老实、表里如一、始终如一，争做诚实守信的促进派，推动整个社会文明和谐。

二、品格特征

领导干部的品格说到底是领导干部的思想作风、工作作风和生活作风的具体体现，它直接关系到领导干部和党在群众中的形象。一个具有强烈执行意识和执行能力的领导干部，不能只是在职务上"高人一等"，更要做到在眼界、修养和胸襟等方面"胜人一筹"，方能以上率下、示范带动，引领和推动各项工作有序开展。

一是具有不忘初心的道德操守。"百行以德为首""积善之家，必有余庆；积恶之家，必有余殃"。中国自古以来就推崇德行，追求崇尚恬淡素朴、清新自然的做人之道。然而，时下一些为官者的行为举止，不仅脱离了官德的水准，而且连做人的道德底线也屡屡突破，从近年来中纪委在违法违纪案件通报中，频繁使用的“生活作风严重腐化”“严重道德败坏”“通奸”等词，不难看出道德的沦丧已成为为官者沦陷的致命伤，也让党的光辉形象抹了黑。领导干部作为改革发展的领导者、组织者和协调者，手中掌控着大大小小、各种各样的国家权力，其道德情操往往会影响社会的价值取向，对社会风气具有一定的导向作用，而不健康的道德取向，往往会诱使一些意志薄弱者滥用手中的权力，而忘记了自己应有的使命和应尽的职责。因此，作为党员干部尤其是领导干部首先就应将“官德”作为为官用权、干事创业之本，遵守基本的道德规范，奉行基本的道德理念，守住起码的道德底线，在任何时候都要稳得住心神、把得住操守、守得住清廉，真正使自己成为一个高尚、纯粹、有道德的人。

二是具有默默无闻的奉献精神。奉献是一种境界，更是每一名党员应有的政治品格。习近平总书记曾指出：“全国广大共产党员要始终在党爱党、在党为党，心系人民、情系人民，忠诚一辈子，奉献一辈子。”无论是放弃美国优越的生活，毅然回国做科研的钱学森，还是在兰考埋头治沙，为群众谋福利的焦裕禄，无不闪耀着讲奉献的党性光辉。他们始终将组织和人民置于个人之上，正确认识付出与回报的关系，常怀“计利当计天下利”的胸襟，因而能够被群众所长久赞叹并牢记于心。身为执行型领导干部，就应时刻不忘肩上那份沉甸甸的责任，正确处理好苦与乐、得与失、局部与全局、家庭与事业、个人与集体的关系，把岗位当作奉献人生的平台、干事创业的舞台，多“低着头”干活，少“抬着头”说话，多做幕后的事情、台下的工作，努力把对党、对人民的感恩之情转化为爱岗敬业、无私奉献的责任担当，转化为埋头苦干、服务群众的实际行动，在默默奉献中实现自己的人生价值。

三是具有海纳百川的宽广胸怀。“用心计较般般错，退步思量事事宽”。人不能心眼太小，而要心胸开阔，度量要大。我们常常讲“某个人成不了大事，做事太小气”。心眼小，不仅人际关系难以搞好，而且影响工作，对自己也会造成精神压力和沉重负担。俗话说：“宰相肚里能撑船”，大肚能容天下难容之事。说的就是做人要有度量，心胸要宽广。一个领导干部不论职位有多高，能力有多强，如果心胸狭窄，缺少容人、容事、容言的胸襟和雅量，不仅搞不好领导班子内部团结，也搞不好与群众的团结，最终只会脱离群众，成为孤家寡人。作为执行型领导干部，既要正确看待自己，又要正确看待他人，在工作和生活中不要恃己之长，避人之短，而要做到“大略不问其短，厚德不非小疵”，去除嫉妒，甘为人梯。还要以平常的心境看待得失，以一颗平常心来对待事业得失，既做到视荣誉如生命，也不因一时之贪毁掉自己的一切，在事业上始终保持进取心，多谋事，少谋人。如此，一个团体才能思想同心，目标同向，行动同步，从而更出色地完成各项任务。

四是具有继续前进的责任信念。疾风知劲草，烈火见真金。历史一再证明，勇于迎接挑战，勇于夺取胜利，这是人类社会不断向前发展的根本动力，是我们党从小到大、从弱到强、从一个胜利走向另一个胜利的重要经验，也是每一名优秀领导干部成长的基本规律。但是毋庸讳言，当前，确实有一些党的干部，面对挑战缩手缩脚，躲躲闪闪；也有些干部，喜欢虚晃一枪，避实击虚，或者擦身而过；还有些干部，习惯于上推下卸，左遮右挡，让人家正面应对，自己却择机出手，专把方便和好处留给自己。可以断言，这样的干部绝不会是具有强烈执行意识的干部。作为执行型领导干部，必然是刚勇坚毅、不屈不挠的，面对改革中的深层次难题，有逢山开路、遇河架桥的精神，积极寻找克服困难的具体对策，不会被困难所吓倒，在困难面前不会望而生畏、畏而却步；面对工作中的具体矛盾，勇于担责负责，有明知山有虎、偏向虎山行的胆识和劲头，努力找到化解矛盾的具体办法，绝不在挑战面前缴械。同时，敢于到困难大、矛盾多的地方去解决问题，到群众意见大、怨气多的地方去化解矛盾，到工作推不开、情况很复杂的地方去打开局面。

三、行为特征

从现实来看，两个资源禀赋、区位优势等条件相差无几的地区，一个发展得有声有色，而另一个则如一潭死水，差距越拉越大，究其原因，领导者在领导过程的不同阶段，因情境和任务需要表现出的不同领导行为，起到至关重要的作用。

一是坚持科学决策。火车跑得快，全靠车头带。把方向、谋全局、抓关键、带队伍，是领导干部尤其是“一把手”的主要职责。当前，领导干部特别是基层领导干部在决策中表现出的随意性、片面性、盲目性和主观性非常普遍，导致的后果和产生的危害也非常严重，人民群众对此反映强烈。比如，在实际工作中，有些领导干部素质不高，处理问题缺乏前瞻性；有些领导干部作风虚浮，好大喜功，热衷于搞华而不实的“形象工程”、劳民伤财的“政绩工程”；有些领导干部自视见识广、有魄力，自以为是，习惯于“长官意志”行事；有些领导干部觉得自己对各方面的情况都比较熟悉，不注重到基层摸实情，即使下去了也只是走马观花，关起门来拿主意，坐在办公室里“憋思路”“拍脑袋”决策，罔顾民意；有些领导干部工作思路随意性大，使政策的执行缺乏连续性，等等。作为执行型领导干部，首先能做到身在事之中、心在事之上，积极发挥主观能动性和开拓创新精神，以经得起客观检验的事实作为制定政策的基础和依据，具体问题具体分析，创造性地提出奋斗目标和工作思路，做出既符合上级政策又符合工作实际的决策。

二是善于超前谋划。毛泽东同志曾指出："没有预见就没有领导。"预见，即为超前意识。对于领导干部而言，职务虽不同，责任各有别，年龄有大小，经历也各异，但有一点应当具备，那就是超前意识。作为执行型领导干部，在超前谋划工作上，一定要具有高瞻远瞩的战略眼光，以时不我待的紧迫感和使命感，敢于冲破因循守旧的条条、破除惯性思维的框框、越过名缰利锁的雷池、挣脱墨守成规的戒律，善于从全局的角度观察、分析、处理问题。同时，善于调查研究，集思广益，不断从社会实践中获得"先人之见、高人之见"的真知灼见，既立足现实，善于解决眼前的问题，又未雨绸缪，善于发现问题苗头，想别人所未想，干别人所未干，做别人所未做，做出科学的预测和决策。

三是注重团结和谐。同心山成玉，协力土变金。刘邦、张良、萧何、韩信相互协作补台才有了大汉江山，廉颇、蔺相如"将相和"才有了赵国的祥和稳定。班子成员之间团结搞得好，工作中互相补台、善于补台，就可能减少错误、避免损失。若是"站在城楼看风景"，只会"城门失火，殃及池鱼"。作为领导干部，执行到位必须团结到位，以共同目标追求凝聚人心、步调一致地为实现共同理想而努力奋斗。这就需要注意协调好方方面面的关系，求大同、存小异，勤衔接、多沟通，密切协作、默契配合，及时梳理各种情绪、化解各类矛盾、解决各类问题，使团队里的每一个成员都成为推心置腹的朋友、心心相印的同志、患难与共的战友，努力形成"心齐、气顺、劲足"的工作氛围。

四是强化激励引导。领导活动的成败在很大程度上取决于下属积极性和潜力的发挥程度。根据哈佛大学詹姆斯教授对人的可激励性问题进行专题研究的结论，在缺乏激励的一般岗位上，能力发挥不过20%—30%，如果受到充分激励，则可发挥到80%—90%。一方面，有效激励可以在组织内部营造积极有为的用人环境，给人才提供良好的物质和生活条件，特别是给人才创造自我发展、发挥自己能力的机会，从而提高整个组织的人员素质结构；另一方面，有效的激励，对表现积极的下属给予大张旗鼓地表扬，对不思进取者给予适当的批评，并在物质待遇上加以区别，在福利、晋升方面给予考虑，有助于形成良好的组织氛围，促进部门成员自身素质的提高。应当说，激励贯穿于领导活动的全过程，是领导决策行为能否有效落实的重要标志。因此，既要注重物质利益和工作条件等外部因素，也要注重精神激励，给予干部表扬和认可，关心他们的成长、发展、晋升，使之干有奔头、心情舒畅；并且，坚持正负激励并用，赏罚分明、奖惩并举，合理运用一些负激励手段，通过给予足够的压力，对被激励干部产生警示作用，从而激发其积极性和潜能，变压力为驱动力。

四、能力特征

能力是素质的体现，也是胜任工作的主观条件。领导干部在努力培养素质的同时，更要注重提高自己的能力，使良好的素质展现出来，转化成服务工作的本领。不同的工作岗位需要不同的工作能力，但从普遍意义上讲，执行型领导干部应具备以下几项基本的能力。

一是自觉学习的能力。现代科技日新月异，知识更新换代速度明显加快。改革发展中，新情况、新问题层出不穷。领导干部不抓紧时间学习，见识就不开阔，观念就会落后，党性就会弱化，就难以跟上时代的节拍、适应工作的需要。领导干部要想与时代同行，并能担负起领导改革开放的繁重任务，就必须在知识储备、能力素质上“先人一步”“高人一筹”，就必须老实学、刻苦学、反复学，自觉地把加强理论学习作为不懈追求的目标，不断提高自己的理论水平和工作本领，自如地应对各种风险和挑战，更好的负担起推进科学发展、促进社会和谐的重要使命。同时，在学习形式上也要追求转变和创新，围绕新常态新任务，根据工作需要，确定学习重点，增加理论学习的“自选动作”，力求学习形式的多样化，以进一步提高领导干部理论学习的积极性。

二是把握大局的能力。紧扣中心，服务大局，是对领导干部的最基本要求。何谓“大局”？习近平总书记曾指出：“凡是涉及全局的事，涉及人民群众的根本利益，涉及国家命运前途的事，就是大局。”如果不了解大局，不顾全大局，就会降低工作的有效性，或者是做与大局背道而驰的无效工作。广大党员干部要想不辜负组织的重托和人民的信赖，就需要牢固树立“社会发展、人人有责”的意识，正确认识局部与全局、眼前与长远的关系，自觉把各项工作放到发展大局中系统谋划和推进，做到主次分明、先后有序、张弛有度，切实为全面建成小康社会和加快社会主义现代化建设进程，更多更好地献计出力、贡献力量。

三是敢于担当的能力。敢于担当，是我们共产党员的政治本色，也是我们的时代责任，反映出党员干部的胸怀、勇气和格调。深化改革加快发展，为实现中国梦而奋斗拼搏，需要我们大兴敢于担当之风。是否敢于担当，是检验我们党性觉悟的“试金石”，也是判断党员干部胸怀、勇气和格调的“大标尺”。领导干部只有勇于担当、敢于作为、不断进取，以时不我待的使命感“急起来”，以慢进也是退的危机感“动起来”，以只争朝夕的紧迫感“干起来”，敢于正视问题不回避、承担责任不推诿、直面矛盾不上交，始终保持干事创业、开拓进取的精气神，才能于险境中找到出路、于困难中找到办法、于无望中创造可能、于可能中办成事情。

四是解决问题的能力。现实生活中，有些领导干部“问题意识”匮乏，对问题不敏感，有“家丑不可外扬”“报喜不报忧”“多栽花少栽刺”的思想，谈成绩翔实具体、说问题模糊笼统，遇到问题绕道走，解决问题更是避重就轻，能推则推，能拖则拖……这些问题的存在严重影响了改革发展进程，使党的威信在群众中受损。回避问题是最可怕的问题，掩盖问题是最不可饶恕的问题。习近平总书记指出，“只有立足于时代去解决特定的时代问题，才能推动这个时代的社会进步”。作为党员干部尤其是执行型领导干部，更应该树立强烈的问题意识。既要在千头万绪的事物中分辨出主要矛盾和主要问题，能够找出其薄弱环节，发现问题的症结所在，也要体现在能及时提出解决问题的方案，瞄着问题去、对着问题走、盯着问题改，一项一项研究、一个一个解决，不断用新办法解决新问题。

五是管理情绪的能力。对于领导干部来说，具有保持良好情绪的能力也是非常重要的。每个人都有喜怒哀乐，但过喜、过悲，或者总是受情绪的困扰，过分情绪化，就会严重影响工作。作为执行型领导干部，要学会自我排遣烦恼，解散忧愁，以平和、良好和稳定的心态出现，不要经常在众人面前唉声叹气，萎靡不振，像小孩子一样不成熟。“有志者，事竟成”这句话是相对的，能够通过努力达到目的固然好，但很多事情常常是经过努力也达不到目的。正所谓“谋事在人，成事在天”，往往在失意的时候才是真正考验一个人毅力的时候，才是需要发挥管理情绪能力的时候。保持持续乐观向上的情绪是正确的，反之，不良的情绪，有时会使人失去理智或出现过激的行为。表现在工作上，就会影响人的判断力，进而做出错误的事情，等到清醒时就会追悔莫及。

CHAPTER 11

第十一章

组工干部要做领导执行的表率

执行是一个系统概念，可以分为个人执行和组织执行，两者是既有区别又有联系的。组织的整体执行虽然不是个人执行的简单相叠加，但是它又是和个人的执行分不开的，是与个人执行的有机统一。任何组织活力的产生和创造，其基本前提是组织成员活力的发挥。如果个人个体素质不高、执行力不强，就势必会影响和制约组织整体的执行力水平。就组织部门而言，执行能力和水平主要体现在组织部门和组工干部两个方面，即组织部门执行力和组工干部的执行力。

组织部门是党委的重要职能部门，承担党的干部队伍建设、组织建设、党员队伍建设和人才培养等重要工作，每一名组工干部都担负着不同岗位的职责，任何一个环节执行不到位，都可能给组工工作造成被动和不良影响。组工干部作为“管党员的党员、管干部的干部”，是组织工作的具体实践者、推动者，更要牢固树立“责任重于泰山”“执行重在到位”的理念，把好的思路落实到底，把好的制度执行到位，把好的措施抓出成效，要把提升执行力的观念融入各项工作过程中。正人必先正己。组织部门和组工干部的作风如何，执行的能力和水平如何，不仅严重影响党的组织工作的水平，而且对广大党员干部和其他党政部门有着直接的示范、影响和带动作用。

一、组织工作提升领导执行的意义

党的十八大以来，党的组织建设在各级党组织中得到了高度重视。当前，正是加强党建工作，增强党组织的战斗力、凝聚力的重要时期，认真做好党的组织建设，具有十分重要意义。组织工作是党建工作的重要组成部分，组织工作领导执行得如何，做得如何，直接关系到党建工作的好坏。

一是全面从严治党的根本要求。全面从严治党，是保持马克思主义政党先进性、纯洁性的本质要求，是巩固党的执政基础、实现党的执政使命的战略举措。党的十八大以来，以习近平同志为核心的党中央以加强作风建设、廉政建设为牵引，坚持思想建党与制度治党相结合，坚持集中教育与经常性工作一起抓，严格正风肃纪，大力反腐惩恶，从严治党严出了新的气象、严出了党的威信，赢得了人民群众的信任，也赢得了国际社会的尊重。但是，我们党现在是一个拥有 8779 万多名党员、436 万多个基层组织的大党，又处在长期执政和改革开放的环境下，保持纯洁性面临着不少挑战和考验，也比以往任何时候都更为艰巨和紧迫。巩固党风廉政建设成果、恢复发扬党的优良传统和作风的任务还很重，严明纪律规矩、营造良好政治生态的任务还很重，完善选人用人制度、建设高素质执政骨干队伍的任务还很重，许多深层次问题还需要进一步解决。坚持党要管党、从严治党，是全党上下共同的政治责任。习近平总书记指出：“历史使命越光荣，奋斗目标越宏伟，执政环境越复杂，我们就越要增强忧患意识，越要从严治党。”组织部门作为管党治党的重要职能部门，更要准确把握、主动适应全面从严治党新常态，坚持守土有责、守土负责，自觉把责任铭记心中、扛在肩上，紧密结合组织工作重点任务，把保持纯洁性作为“讲党性、重品行、做表率”的内在要求和实际体现，不断地提升工作的能力和水平，努力把全面从严治党要求执行到位，落到实处。只有全面贯彻从严治党的要求，才能增强组织部门的领导执行的能力。

二是服务中心和大局的现实需要。党的十八大报告指出，“我们党担负着团结带领人民全面建成小康社会、推进社会主义现代化、实现中华民族伟大复兴的重任”。围绕中心、服务大局，是组织工作的一条基本经验，也是检验组织工作成效的根本标准之一。未来5年，组织工作围绕中心、服务大局，就是要全面贯彻党的十八大和十八届三中、四中、五中全会精神，以邓小平理论、“三个代表”重要思想、科学发展观为指导，深入学习贯彻习近平总书记系列重要讲话精神，紧紧围绕“五位一体”总体布局和“四个全面”战略布局，围绕树立和贯彻创新、协调、绿色、开放、共享的发展理念，把握大局大势，突出工作重点，坚持改革创新，不断提高组织工作水平，扎实推进全面从严治党各项任务，为“十三五夺取全面建成小康社会决胜阶段的伟大胜利，实现第一个百年奋斗目标”提供坚强政治保证、组织保证和人才保证。为了把握好、服务好这个大局，对党的组织能力和动员能力、对党员干部的精神状态和能力素养，都提出了现实的需要和更高的要求。其核心就是对组织工作的执行力提升提出了新的更高需求和要求。

三是组织工作自我提高的有效路径。党和国家的事业发展，既为组织工作提供了有利条件和发展空间，也带来了新的考验和挑战。当前是我国努力实现“四个全面”的关键时机，少数党员、干部的理想信念、宗旨观念、工作作风、道德品行还存在一些不容忽视的问题；一些领导班子和领导干部的素质和能力不适应、不符合的问题还比较突出；一些基层党组织软弱涣散、凝聚宣传引导服务群众的能力不强；干部选拔任用科学机制不够健全，干部管理存在失之于宽、失之于软的现象，用人上的不正之风屡禁不止；与科教兴国战略、人才强国战略的要求相比，人才队伍在数量、结构、质量等方面还有明显差距；与建设模范部门、打造过硬队伍的要求相比，组工干部在思想观念、素质能力、工作作风和工作方式方法上都还有不足；等等。总之，这些问题的解决，都需要组织工作不断地创新发展，不断地提升领导执行的能力，才能更好地做到服务中心、服务大局、服务群众、服务基层。

二、组织部门要做领导执行的模范

组织部门是党委的重要职能部门，是党委在组织工作方面的参谋和助手，既要协助党委直接管理一部分干部，又要抓好各级领导班子和干部队伍的建设；既要协助党委直接管理下级党组织，又要抓好各级党的组织建设和党员队伍、人才队伍建设；既要管当前，又要管长远。组织工作非同于其他工作，具有很强的政治性、政策性、原则性、纪律性、保密性、导向性、公正性等特点。组好组织工作，一靠过硬的政治能力，二靠优良作风，三靠专业化能力。习近平总书记指出，要把各级组织部门建设成为“讲政治、重公道、业务精、作风好”的模范部门。组织部门要做到领导执行的模范，必须做到习近平总书记提出的四个方面的模范。

一、“讲政治”是提高组织部门领导执行的内驱动力。组织部门是政治机关，讲政治是天经地义的。古人讲，善治人者必先自治。组织部门就是抓理想信念和党性教育的，做的就是补钙铸魂、立根固本的工作，如果自己做不到，那么要求别人就没有底气和说服力。讲政治，是组织部门的优良传统作风，也是组工干部最重要的政治品格。组织部门讲政治，首先，就是始终坚持中国共产党的领导。中国共产党是中国特色社会主义事业的坚强领导核心。坚持党对国家政治、经济、文化社会生活的政治领导、思想领导和组织领导，始终是国家兴旺发达和各项建设事业顺利推进的根本保证。其次，始终服从和服务中国共产党的领导。党的政治领导、思想领导和组织领导的实现，离不开组织部门工作提供的服务和保证。讲政治，不是空洞的，而是具体的、实在的，必须落实到服务大局上、体现在实际工作中。每做一项决策、每抓一项工作，工作组织部门都必须树立政治意识、大局意识、核心意识、看齐意识，紧紧围绕中心、服务大局，自觉地在党委的大局下行动，为党委大局服务；在实际工作中坚定政治操守，始终从政治的高度和大局去观察、分析、解决问题，严格执行党的组织纪律，坚决与党中央保持高度一致，始终做到党委有号召，组织部门先带头，始终做讲政治的部门模范，做领导执行的部门模范。在干部工作中要突出政治标准，坚持党管干部的原则，坚持好干部的标准，坚持正确用人导向，严把政治关、作风关、能力关、廉政关，大力培养造就具有铁一般信仰、铁一般信念、铁一般纪律、铁一般担当的干部队伍；基层党组织建设要突出政治功能，注意抓重点、解难点、攻克薄弱点，把从严治党要求向基层延伸，全面提升基层党建工作水平，不断厚植党的执政根基；人才工作要注重政治引领，把各方面的优秀人才聚集到党的周围，为协调推进“四个全面”战略布局、落实五大发展理念提供人才支撑。讲政治，是提高组织部门领导执行的内驱动力。

二、“重公道”是提高组织部门领导执行的根本要求。作为“党员之家、干部之家、人才之家”的组织部门，公道正派是组织工作的“生命线”。重公道，就是把党的事业作为公道之本，把实际表现作为公道之据，把群众口碑作为公道之基，把敢于担当作为公道之责，公道对待干部、公平评价干部、公正使用干部。要公道对待干部，就是要严格执行党的干部路线和方针政策，做到“一把尺子量准”“一碗水端平”，不以人画线，不搞亲疏，不为人情关系所累。要公平评价干部，就是要近距离接触干部，多了解熟悉干部，坚持以事论人、知事识人、识人有据，客观准确、实事求是评价干部，不凭印象、凭感觉论优劣，不用个人好恶代替组织和群众评价。

要公正使用干部，就是要树立崇尚实干、勇于改革、群众公认的导向，以选人用人的正确导向引领干部干事创业的方向。让弄虚作假、会跑会要的干部没有市场，敢为好干部说公道，真正把党员干部的心思和精力引导到干实事上。“子帅以正，孰敢不正”。重公道是提高组织部门领导执行的根本要求。

三、“业务精”是提高组织部门领导执行的基本要求。组织工作具有很强的政治性、政策性和专业性。业务精是组织部门成事之道。组织部门要积极做好“围绕中心、服务大局”的工作，必须积极创建以“学习型、服务型、创新型、实干型、廉洁型”为主要内容的“五型”部门，进一步强化组织部门的业务能力建设。“业务精”，是指对党的路线、方针政策学习深入、领会透彻；对相关政策规定了然于胸、运用自如；对基层情况知根知底、能接地气；对联系的班子和干部很了解、很熟悉；对问题的研究全面系统，理解深刻；对推动工作有序、有质、有效，既有办事的才干，也有研究问题、谋划工作的能力。组织部门的整体业务能力的高低取决于业务精的组工干部。每一位组工干部必须具备学习力、理解力、实践力、团结力、沟通力、执行力，而且要熟悉组织部门工作的“三驾马车”：组织工作、干部工作、人才工作。当前面对经济发展新常态、从严治党新常态、改进作风新常态，各级组织部门，每一位组工干部，都存在一个观念上要适应、认识上要到位、能力上要提高、方法上要改进的问题。组织部门具有高效的领导执行力的最基本要求就是业务精。

四、“作风好”是提高组织部门领导执行的重要保证。加强作风建设，是党的十八大提出的一项重要任务。树立和弘扬为民务实清廉的优良作风，忠实践行党的群众路线，是做好组织工作的重要保证。组织部门天天与党员、干部、人才打交道，只有把自身作风搞好了，服务他人才有底气，管理他人才能让人服气。各级组织部门要以高度的政治自觉加强作风建设，坚持做到严以修身、严以用权、严以律己，谋事要实、创业要实、做人要实，努力克服浮气、官气、暮气，坚决反对形式主义、官僚主义、享乐主义、奢靡之风，努力在改进作风上走在前头、做好表率。全面建成小康社会，夺取中国特色社会主义新胜利，必须有好的作风作保证。组织部门是党的重要职能部门，担负着为全面建成小康社会提供组织保证的重要使命。做好新形势下的组织工作，全面提高党的建设和组织工作科学化水平，必须认认真真、踏踏实实、兢兢业业，把心思用在真抓实干上，把精力用到狠抓落实上，以改革创新的劲头锐意进取，以求真务实的精神奋发有为。

三、组工干部要做领导执行的表率

组工干部是党的组织路线的具体践行者，是推进党的建设新的伟大工程的骨干力量，承担着为党和人民选贤任能的重要职责。组工干部素质、能力、作风、形象如何，不仅影响组织部门职责的履行，决定着组织工作的水平，而且直接关系到人民群众对党的看法，乃至影响到整个党的形象。组工干部执行力的强弱，关系到党的组织路线能否得到很好的贯彻执行，关系到组织工作服务科学发展的成效。习近平总书记用20个字概括“好干部”的标准:“信念坚定、为民服务、勤政务实、敢于担当、清正廉洁。”面对新形势、新任务、新要求，组工干部肩负着干部队伍、人才队伍和基层组织建设的重任，提高执行力尤为迫切。组工干部一定要围绕好干部的五个标准，在领导执行方面做表率。

一是组工干部要做“信念坚定”的表率。能否在考验和危险而前始终保持坚定的理想信念，是考察领导干部的首要标准。领导干部有了坚定的理想信念，站位就高了，眼界就宽了，心胸就开阔了，就能坚持正确的政治方向，在胜利和顺境时不骄傲不急躁，在困难和逆境时不消沉不动摇，经受住各种风险和困难的考验，自觉抵御各种腐朽思想的侵蚀，永葆共产党人的政治本色。理想信念坚定就是对始终坚持中国特色社会主义理论体系的坚定信仰，对始终坚持中国特色社会主义道路的坚定信念，对始终坚持中国特色社会主义制度的坚定信心，对始终坚持中国特色社会主义文化的坚定信心。一名信念坚定的好干部要始终树立中国特色社会主义的道路自信、理论自信、制度自信和文化自信。只有那些理想信念坚定的党员干部，才是我们可以信赖和依靠的坚强执政力量。“信之愈深，行之愈笃”。领导干部信念坚定是提高执行力的动力之源。组工干部是管党员的党员、管干部的干部、管人才的人才，一定要做信念坚定的表率，做领导执行的表率。

二是组工干部要做“为民服务”的表率。习近平同志说：不求“官”有多大，但求无愧于民，做人要有人品，当“官”要有“官德”。当干部的，不能老是想着自己的升迁。“莫道昆明池水浅”，一个干部，无论处在什么岗位，只要心系群众，都可以做出一番事业来。他认为，党员干部要不管职位高低、不论工作岗位，始终牢记立党为公、执政为民的使命，把人民群众放在心中，时刻关心着人民群众，真正做到与人民心心相印、与人民同甘共苦、与人民团结奋斗，真正做到情系民众，与群众心连心、同呼吸、共命运。作为好干部的标准之一的“为民服务”，是我们党的根本宗旨，是我们每个领导干部牢记的宗旨，践行的宗旨。作为组工干部，不仅要牢记、践行为民服务的宗旨，而且要做干部的表率。

首先，要有为民服务的情怀。组工干部对群众要有真情挚爱，就是要牢固树立群众观点，以感恩之心、敬畏之心对待群众，向群众学习，增强工作本领。要把群众的需求作为组织工作的导向，深入基层，帮助群众解决实际问题。要把群众的意见作为组织工作的动力。

其次，要有为民服务的胸怀。广大组工干部都应该有雅量和气度，以海纳百川的胸怀包容人、理解人、成就人。要发扬“人梯”品格，甘为他人“做嫁衣”，愿为红花“当绿叶”。要善于用伯乐的眼光识别人才、用好人才，善于为干部的成长“搭梯架桥”，把各类优秀人才吸引凝聚到推动社会主义事业的发展上来，为实现中国梦提供坚强保障。

再次，要有为民服务的心态。广大组工干部应发扬“安、专、迷”的工作精神，安心安分，全神贯注，历久弥坚，像老黄牛一样，默默无闻，躬耕不倦。应牢固树立正确的世界观、人生观、价值观，坚守共产党人的精神家园，淡泊名利，志存高远，注重比境界、比能力、比实绩、比贡献，以平和之心对待“名”，以淡泊之心对待“位”，以知足之心对待“利”，以敬畏之心对待“权”，守得住清贫，耐得住寂寞，经得住诱惑，管得住小节，在干事创业中实现自己的人生价值。

最后，要有为民服务的能力。为人民服务，必须具备一定的能力素质。只谈服务而没有能力去服务，这样的组工干部绝对不是在讲党性，而是在讲空话。而服务人民的能力素质从何而来？只能从服务人民的实践中来。组工干部要强化宗旨意识，主动深入基层、服务基层，真正成为广大党员、干部、人才的“服务员”，成为广大人民群众的“贴心人”，在基层一线锤炼党性、改进作风、净化心灵、增长才干，这样的组工干部才是人民群众所需要的。在组工干部队伍中营造崇尚精学业务、苦练看家本领的浓厚氛围，努力建设一支善配班子、善选干部、善抓党建、善育人才的组工干部队伍。要深化组工干部能力建设，注重提高把握正确方向的能力、分析大局大势的能力、知人善任的能力和把握规律的能力，不断提高组织工作境界和水平。为民服务是各级领导干部提高执行力的根本目的。作为组工干部一定要做不断提高执行力、提高为民服务能力和水平的表率。

三是组工干部要做“勤政务实”的表率。好干部的应有作风是勤政务实。勤政就是埋头苦干、拼搏进取、有所作为；务实就是真抓实干，求真务实，具体讲就是谋事要实、创业要实、做人要实。习近平总书记指出：工作作风上的问题绝对不是小事，如果不坚决纠正不良风气，任其发展下去，就会像一座无形的墙把我们党和人民群众隔开，我们党就会失去根基、失去血脉、失去力量。领导干部只有坚持勤政务实的作风，才能担负起历史赋予的使命，才能不断开拓创新、拼搏进取、有所作为。

2014 年 3 月，习近平总书记在谈到学习焦裕禄精神时强调，要学习焦裕禄“凡事探求真理、‘吃别人嚼过的馍没味道’的求实作风”。管理学有一句经典名言：“如果你能真正钉好一枚纽扣，这比你缝制出一件粗制滥造的衣服更有价值。”讲的就是求真务实的工作作风。踏实的工作作风是提高执行力的有力保障。一定要摒弃懒散懈怠的工作作风，认为党政机关工作就是“一杯茶一支烟，一张报纸看半天”，上班无精打采，精神萎靡不振，做事拖沓推诿，工作效率低下。作为组工干部一定要树立踏实苦干的工作作风，在工作中应努力做到：一不“拖”，今天的事情今天做，能做的事情马上做，要雷厉风行；二不“推”，自己的工作要做好，自己的责任不推诿，要履职尽责；三不“等”，计划的事情准备好，复杂的问题开动脑，要积极主动；四不“吹”，彰显成绩不靠口，实打实干用双手，要求真务实；五不“怕”，面对困难敢碰硬，遭受挫折有韧劲，要有百折不挠、锲而不舍的进取精神。每一名组工干部都要自觉地把组织工作置于服务科学发展的大局中去思考、去谋划、去推进，既要胸怀全局、放眼长远，又要见微知著、小处着手，从抓好群众关注的具体事情入手，把各项工作从细节上落实到位，努力提高组织工作的群众认可度、社会公信度。

四是组工干部要做“敢于担当”的表率。担当是一种执行意识，一份执行责任，一股敢于迎难而上的执行勇气。习近平总书记反复强调，领导干部“该承担的责任必须承担”“要有担当意识，遇事不推诿、不退避、不说谎，向组织说真话道实情，勇于承担责任”，要“在大是大非面前敢于担当、敢于坚持原则”。他指出：“有理想、有担当，国家就有前途，民族就有希望。”广大组工干部要多做“挑担子后生”，少做“嘴巴子先生”。对既定的战略任务，要充分发扬钉子精神，一件一件地落实，不折不扣地完成，不达目的誓不罢休。要敢于面对问题和困难，勇于负责，坚决摒弃纸上谈兵、闭门造车的陋习，要坚持深入基层、深入一线，从群众中汲取智慧，在实践中攻坚克难，以实干增实绩，以实干出实效。

当前，“四个全面”向纵深突破、科学发展向高层次推进，党员、干部、人才能否在中华民族伟大复兴的进程中大显身手，与组工干部是否尽职履责息息相关。为此，组工干部必须心中常怀协调推进“四个全面”的大局，贯彻和践行“创新、协调、绿色、开放、共享”的五大理念，为党员、干部、人才搭建施展才华的平台，这是组工干部最重要的责任。古人说，大道至简，知易行难。当前，组织工作面临的问题比较多，既有一些长期的老大难问题，如“干部能上不能下、能进不能出”的问题、考察失真失实的问题、一些基层组织软弱涣散问题，也有新形势下出现的新问题，如拉票贿选问题、网络舆情应对问题，等等。如何破解这些难题，是检验组工干部执行力的重要标准。组工干部敢于担当，就是要以改革创新的精神，找准问题敢碰硬，遇到困难敢担当，既敢于破解难题，又善于破解难题。有思路才会有出路，办法总比困难多，关键是敢不敢去想、善不善于去破。组工干部一定要强化改革创新精神，敢于冲破一切妨碍发展的思维桎梏，敢于改变一切束缚发展的陈规陋习，敢于革除一切影响发展的体制和机制弊端，不断创新发展思路和工作方法，在改革创新中不断提高执行力。

五是组工干部要做“清正廉洁”的表率。好干部的底线要求是清正廉洁。一身正气、两袖清风是共产党人的做人之本，洁身自好、克己奉公是领导干部的从政之基。领导干部清正廉洁，才能在各种诱惑和歪风面前始终坚持做人之本和从政之基。习近平总书记强调，所有领导干部都必须把反腐倡廉当作政治必修课来认真对待，绝不能把权力变成谋取个人或少数人私利的工具，永葆共产党人的政治本色。领导干部必须具有较高的职业操守，耐得住寂寞，抗得住诱惑，管得住小节，守得住清贫，把清正廉洁当作一种境界去追求，才能抵御物质和金钱的诱惑。

广大组工干部应树立法治意识，自觉遵守党纪国法，严格按照规定的权限和程序行使职权，在任何时候、任何情况下，都要按政策办事、按程序办事、按规矩办事，不踩“红线”、不触“底线”、不碰“高压线”，不搞上有政策、下有对策，更不能以言代法、以权压法、徇私枉法。常算经济账、政治账、名誉账、亲情账、家庭账，做到政治上清醒、经济上清白、生活上清爽。多一些精神追求，少一些物欲困扰；多一些挑灯苦读，少一些推杯换盏；多一些宁静致远，少一些庸俗浮躁。始终保持奋发进取的精神状态，把每项工作做得很出色，把每件简单的事做得不简单，把每件平凡的事做得不平凡。清正廉洁是提高领导执行必须遵守的底线。无欲则刚，唯有清正廉洁才能大胆执行，敢于执行，勇于执行。组工干部只有做到清正廉洁，才能做领导执行的表率。

CHAPTER 12

第十二章

县委书记担当领导执行总指挥

党的十八大提出，要全面落实经济建设、政治建设、文化建设、社会建设、生态文明建设“五位一体”总体布局。党的十八届三中全会提出全面建成小康社会、全面深化改革、全面依法治国、全面从严治党的“四个全面”战略布局。党的十八届五中全会，明确地把“四个全面”战略布局写入“十三五”时期我国发展的指导思想，并进一步提出引领发展行动的创新、协调、绿色、开放、共享“五大发展理念”。当前全国人民在以习近平同志为核心的党中央带领下，紧紧围绕实现“两个一百年”奋斗目标和中华民族伟大复兴的中国梦，团结一致，砥砺前行。

据统计，目前我国县域人口大约 10 亿，占全国人口总数的 77% 左右；县域 GDP 约占全国经济总量的 60%；县域国土面积约占全国陆地总面积的 92%。县域经济社会的和谐发展，对统筹推进“五位一体”总体建设，协调推进“四个全面”战略布局，全面贯彻践行“五大发展理念”，实现两个一百年奋斗目标和中华民族伟大复兴梦具有其他行政层级不可替代的重要作用。县级政权在我国行政机构设置中处于承上启下的关键位置，县委书记是我们党执政治国的骨干力量，担负着领导县域改革、发展、稳定的重大历史责任。县委书记的领导水平和执政能力，不仅关系到一个县级领导班子和干部队伍建设，关系到一个县的党风、政风、民风建设，而且直接影响到当地经济社会各项事业的健康发展。

一、县级政权及发展地位的重要性

我国县一级建制，起源于春秋，确立于秦代郡县制，作为国家结构的基本单元，历经两千多年逐步稳定为现在划分的县域。从秦代确立郡县制以来，县始终是我国行政管理的一个中间层次，具有承上启下、固本强基的战略地位。司马迁在《史记》中记载“县集而郡，郡集而天下，郡县治，天下无不治。”“郡县治，则天下治；郡县安，则天下安。”县为国之基，民乃邦之本。

首先，县是“国家纽结”。习近平在《从政杂谈》中讲到如果把国家喻为一张网，全国三千多个县就像是国家这张网上的一个个“纽结”，“纽结”松动，国家政局就会发生动荡；纽结牢靠，国家政局就稳定。国家政令、法令的具体落实也必须通过县才能得到实现。因此，“从整体与局部的关系看，县一级工作好坏，关系国家的兴衰安危”[①]。2015 年 1 月，在中央党校县委书记研修班学员座谈会上，习近平总书记指出县级在党的组织结构和国家政权结构中“处在承上启下的关键环节，是发展经济、保障民生、维护稳定、促进国家长治久安的重要基础”[②]。

其次，县是政治“缩影”。县级政治是中国政治的缩影。县级政权是我国政权体系中最基本单元。习近平总书记谈县委书记责任：“芝麻官”千钧担。一个县也可以说是一个小社会。“麻雀虽小，五脏俱全”，中央有什么机构，县一般也有与其大体相对应的部门。县一级工作，从政治、经济、文化到老百姓的衣食住行、生老病死，无所不及。有人说，县级工作，除了外交活动外，国家各项事务无所不有。其实，有时候县里也会遇到接待外宾的事情，随着开放程度的提高，外宾比肩接踵而来也是可期待的，

① 习近平，《摆脱贫困》，福建人民出版社，1992 年版，第 31—32 页。

② 习近平，《做焦裕禄式的县委书记》，中央文献出版社，2015 年版，第 2 页。

县级领导还真得懂一点外交。一个县小则十几万人，大则百万人，一个决策下去，其影响非同小可，容不得半点含糊。海瑞在他的《令箴》中说：“官之至难者，令也。”此意即最难做的官是县官。因此，县级领导必须有各方面的知识和很强的能力，否则难以胜任。

再次，县是“微观国家”。县级党政权力与中央和省级领导机关相比，只有大小之别，几乎没有多寡之分。同时，县级政治又是与基层社会联系最为紧密，距离一般平民最近的政治形态，具有多样性、地域性、现实性等突出特征。正如有的学者所言，相对于中央来说，县是最完整的“微观国家”；而相对于社会来说，县又是离其最近的“现实国家”。目前全国县级区划共有 2861 个，有 2861 个县（区、市）。习近平总书记就此还做过高度、全面的概括：在我们党的组织结构和国家政权结构中，县一级处在承上启下的关键环节，是发展经济、保障民生、维护稳定的重要基础，也是干部干事创业、锻炼成长的基本功训练基地。

二、县委书记岗位及角色的特殊性

“书记”是工人阶级政党的专有职位，来源于马克思。马克思与恩格斯 1846 年初在布鲁塞尔创立组建的“共产主义通讯委员会”（后更名为共产党）。据传，在此期间，恩格斯曾问马克思，给该组织的领导者一个什么样明确的职务称呼，马克思毫不犹豫地回答说：就叫“书记”。1925 年 1 月中国共产党的全国第四次代表大会党章中规定：“中央执行委员会须互推总书记一人总理全国党务。”这是中共中央设立总书记一职在党章中的最早规定。在《中国共产党党务工作大辞典》中，“支部书记是指党的支部委员会的主要负责人。在支部委员会的集体领导下，负责主持党支部的日常工作”。[1] 因此，县委书记是中国共产党县级党委员会的主要负责人，在中共县委员会的集体领导下，负责主持中共县级党委员会的日常工作。

县委作为党组织最前沿、最基础的一环，是党的执政根基，是整个党组织的“神经末梢”。县委处于县的中枢，是中国共产党在县这一级的领导核心。正如胡锦涛同志指出的：县委这一级搞好了，党的基层政权就有了保障，县委的重要地位和作用可见一斑。县委领导一般包括县委书记、县委副书记（一般由县长兼任）、专职副书记、纪委书记、常务副县长以及党委下属部门主要领导，如组织部长、宣传部长、统战部长、人武部长等。县委书记作为县级党委“一把手”，处于整个县委领导班子的核心地位，负有全面领导责任，主要是通过对县委常委进行分工，参与常委会决策来实现其领导的。我国实行的是坚持党的领导、党管干部的原则，在全县领导班子中，县委书记是县委的“班长”，一个县域发展蓝图的策划者和领头人。

“宰相必起于州部，猛将必发于卒伍”。因此历朝历代都对县级政权建设及官员的选拔任用极为重视，许多著名的政治家都起步于县令。习近平总书记以王安石、郑板桥等先贤为例，说明历史上许多名人志士就是从县级起步为官从政的。县委书记非等同一般同级别岗位的干部，县委书记是我们党执政治国的骨干力量，是党在当地执政团队的带头人，是党在当地各级组织的主要领导人，是在当地人民中党的形象的具体代表人，也是党的中高级领导干部的重要来源，更是地方经济社会发展兴衰的主导力量。在如今的官员级别序列中，县委书记属于正处级，少数有厅局级干部任职。“当好一个县委书记并不容易，要有全面的领导经验，对东西南北中、党政军民学各方面的工作都能抓得起来”。[2] 中央对县委书记队伍的成长高度

① 孙维本，《中国共产党党务工作大辞典》，中国展望出版社，1989 版，第 40 页。

② 习近平，《做焦裕禄式的县委书记》，中央文献出版社，2015 年版，第 3 页。

重视并颁布了一系列培养措施。2009 年，中组部就发布《关于加强县委书记队伍建设的若干规定》，规定县委书记的选拔任用需按程序报经省委常委会议审议，一改过去“上级主管的地级市常委会讨论，再经省委组织部批准”的程序。全国 2800 余名县委书记占处级以上干部总数不足 1%，但他们施政所产生的影响却是巨大的。邓小平同志指出：“县委书记当好了，到地委、省委工作就比较容易，比较顺手。”①一个好的县委书记造福一方百姓，一个弱的县委书记耽误一方百姓，一个坏的县委书记祸害一方百姓。②因此，抓好全国 2800 多个县委书记队伍建设，具有重大的战略安全意义。习近平总书记曾强调，“加强和改进新形势下党的建设，要求进一步加强干部队伍建设，着力造就高素质县委书记队伍，确保在实现中华民族伟大复兴进程中党始终成为坚强的领导核心”。③

从领导执行的角度来看，县委是我们党执政兴国的“一线指挥部”，县委书记就是“一线总指挥”。县委书记既是中央、省委实现对地方治理的执行者，又是县级政权的核心，是具体领导执行的组织者、执行者，权力大、责任重。县委书记工作直接面向基层、面向群众，处于各种社会矛盾和冲突的第一线、宏观管理与微观治理的结合部、城市与乡村的交汇点。无论是成功的经验还是失败的教训，抑或难以言说的纠结或尴尬，都具有生动具体、色彩斑斓、见微知著等特点。习近平总书记强调，县委书记责任不小、压力不小，要当好县委书记是不容易的。在党的组织结构中，“一把手”是对中央、省、市、县、乡等各级首位领导者、负责人即书记的一种形象称呼。从党章、党的相关文件及法律等相关规定上看，党委要“总揽全局，协调各方”，对整个国家和社会实行“总的领导”，这虽然规定的

① 《邓小平文选》第 2 卷，人民出版社，1979 年版，第 36 页。

② 田建平，《如何当好县委书记》，《山西日报》，2015-02-10，C01 版。

③ 《着力造就高素质县委书记队伍》，《人民日报》，2010-01-01，01 版。

是“党委”的权力，但在实际工作中，往往要求在领导班子和领导成员中居于首位的领导者负总责，强调“一把手是关键”。[①] 习近平总书记对县委书记作为“一把手”的角色定位做出重要指示：“不能只想当官不想干事，只想揽权不想担责，只想出彩不想出力。”“党把干部放在这样一个岗位上是信任，是重托，要意气风发、满腔热情干好，为官一任、造福一方。不能干一年、两年、三年还是涛声依旧，全县发展面貌没有变化，每年都是重复昨天的故事。”[②] 为此，习近平总书记给广大县委书记提出四点要求。

一是要做政治的明白人，是对县委书记政治方面的要求，也是第一位的要求。做到对党绝对忠诚，时刻牢记讲政治，始终同党中央在思想上、政治上、行动上保持高度一致，坚定理想信念，坚守共产党人的精神家园，自觉践行社会主义核心价值观，自觉执行党的纪律和规矩，真正做到头脑始终清醒、立场始终坚定。

二是要做发展的开路人，是对县委书记在经济社会发展特别是扶贫攻坚方面的要求。要求县委书记适应和引领经济发展新常态，把握和顺应深化改革新进程，回应人民群众新期待，坚持从实际出发，带领群众一起做好经济社会发展工作，特别是要打好扶贫开发攻坚战，让老百姓生活越来越好，真正做到为官一任，造福一方。

三是要做群众的贴心人，是对县委书记在践行党的宗旨方面的要求。要求县委书记牢记党的宗旨，坚持全心全意为人民服务，自觉贯彻党的群众路线，心系群众、为民造福，心中始终装着老百姓，先天下之忧而忧，后天下之乐而乐，真正做到心系群众、热爱群众、服务群众。

四是要做班子的带头人，是对县委书记在党性和组织观念方面的要求。要求县委书记带头讲党性、重品行、做表率，带头搞好“三严三实”“两

① 人民日报评论员：《一把手是关键》，《人民日报》，2013-07-30。

② 习近平，《做焦裕禄式的县委书记》，中央文献出版社，2015 年，第 8 页。

学一做”专题教育，带头抓班子带队伍，带头依法办事，带头廉洁自律，带头接受党和人民监督，带头清清白白做人、干干净净做事、堂堂正正做官，真正做到率先垂范、以上率下。[①]

三、县委书记担当领导执行总指挥

据研究统计表明，组织成败有45%—65%的变异量是由领导者的领导能力所决定的。因此，县域领导干部特别是县委书记的领导能力强弱成为影响党的基层执政能力建设、地区的稳定和发展的重要因素。县委书记是县委领导集体的“班长”，担负着“谋一方发展、富一方百姓、保一方平安、促一方和谐”的重要职责。县委书记是上级政策的第一“执行官”；党的路线方针政策能否在基层落地、开花结果，党规划的奋斗目标能否实现，在一定意义上取决于县委书记这一群体。同时，县委书记是县委决策的第一责任人，县委的决策能否落到实处，得到执行，在很大意义上也离不开书记抓执行的意识、方式、作风和力度。从领导执行的角度来看，县委书记是县域领导执行的总指挥。其在领导执行中总指挥的角色责任主要包括：把好方向、管好全局、带好班子、做好决策、用好干部、抓好落实。

（一）把好方向

“把好方向”，主要是指县委书记在大是大非面前不迷失方向，在繁杂改革面前不偏离方向，在利益诱惑面前不模糊方向，善于把好政治方向、把好发展方向、抓好成长方向，扭住根本，审时度势，抓好执行，做好落

① 习近平：《做焦裕禄式的县委书记》，中央文献出版社，2015年版，第66—67页。

实。县委书记把好方向是做好领导执行的成功之要。

一是把好政治方向。作为带领全县人民实现全面小康的领头羊，县委书记的一言一行都代表党的形象，保持政治上的清醒和立场上的坚定，是做合格县委书记的基本要求。县委书记是一个县的形象，既要做马克思主义政治家，又要做马克思主义思想家，还要做马克思主义实干家，时刻要保持正确的政治品格、政治情操、政治信仰。要善于从政治上观察形势、思考和处理问题，抓住问题的关键，具备透过现象看本质的观察能力。要具有快速、准确领会和贯彻党的路线方针政策的能力，抢抓机遇，统筹协调。要善于把握客观事物的发展规律，不断提高创新工作思路和方法的能力，始终保持清醒的政治头脑和正确的政治立场。只有这样，才能在风云变幻、错综复杂的环境里抵挡各种诱惑，经受住各种考验。县委书记要把好政治方向，必须做到“心中有党、心中有民、心中有责、心中有戒”；必须增强“政治意识、大局意识、核心意识、看齐意识”；必须坚持以知促行，做到讲政治、有信念，讲规矩、有纪律，讲道德、有品行，讲奉献、有作为。

二是把好发展方向。作为县委书记，把好发展方向就是指要坚持实事求是，解放思想，为县域科学发展找到一条切实可行的科学路径，避免瞎折腾，走弯路。一方面，要吃透“上情”，认真学习，准确把握中央的大政方针和上级部署、指示，真正掌握其精神实质，运用马克思主义的立场、观点、方法，对重大问题进行战略性、前瞻性的思考，正确处理长远与当前、全局与局部的关系，把县域经济和各项社会事业发展置于国内外的工作大局中去思考、谋划和定位，使本地的工作思路和总体要求与大环境相吻合，不出方向性错误。另一方面，要熟知“下情”，要深入开展调查研究，对县域的历史与发展、人文与环境、资源与经济、区位与交通、优势与劣势、干部群众的企盼等情况进行全面了解，系统把握，客观地认清县情，理清本县的资源禀赋、发展基础、优势条件、制约因素等。在此基础上，广泛集中各方面的智慧，集思广益，博采众长，以制定符合县情实际、可操作性的发展方向和思路。再者，要了解“外情”，善于学习和借鉴外地的先进经验和思想理念，取人之长，补己之短，把本地的发展融入全省、全国发展的大格局之中，借助外力，启动内力，激发活力，增强自我发展能力。最后，要做好“结合”，联系实际，深入思考，搞好“上情”“下情”“外情”的对接，找准“结合点”，创造性地开展工作。

三是把好成长方向。习近平总书记曾称赞过的三位县委书记，他们是：家喻户晓的焦裕禄；病逝 34 年不仅给海岛留下一条绿色林带，更在人民心中铸起一座永恒丰碑的谷文昌；无私奉献的昔日寿光“当家人”王伯祥。这三位曾经的县委书记的共同特点：清廉、为民和实干，为今天县委书记的成长提供了榜样和标杆。“县委书记手中掌握着很大的权力，所以各种诱惑、算计都冲着你来，各种讨好、捧杀都对着你去，往往会成为‘围猎’的对象”。这是习近平总书记在《做焦裕禄式的县委书记》讲话中对县委书记们的提醒。作为县委书记，为了更好地把握自己的成长方向，一定要学习榜样的力量，一定要按照好干部的标准严格要求自己，带头廉洁自律，自觉遵守廉洁从政的各项规定，严格要求和约束自己，以身作则，率先垂范。自觉加强党性锻炼，树立起正确的世界观、人生观和价值观，提高抵御腐朽思想侵蚀的自觉性和主动性，经受住权、位、钱、色的考验。带头清清白白做人、干干净净做事、堂堂正正做官。始终坚持立身不忘做人之本，在任何情况下都稳得住心神，耐得住寂寞，经得住考验。始终坚持正确行使权力，依法用权、秉公用权、廉洁用权，做到心有所畏、言有所戒、行有所止，处理好公与私、情与法、权与利的关系，真正做到率先垂范、以上率下。

（二）管好全局

古人言："不谋全局不足以谋一域，不谋长远不足以谋一时。"指挥全局的人，最紧要的，是把自己的注意力摆在照顾全局上面。邓小平说过，考虑任何事情都要着眼于长远，着眼于大局，要用宏观战略的眼光观察问题，机会要抓住，决策要及时。整体包含局部，局部构成整体。全局与局部的区别是相对的，就中央、省、市来说，县一级是局部，而对于县级所包含的各个组成系统来说，县又是一个全局。所谓"管好全局"，就是要有一种高瞻远瞩的战略眼光，站在全局的高度观察和处理问题，既立足当前又放眼未来。县委书记作为"班长"，全县人民的"领头雁"，对全县全局工作一定要胸有一盘棋，对工作怎么"领"、对群众怎么"导"，目标怎么定、路子怎么走，一定要放在全局的角度来考虑。县委书记管好全局，是领导执行的重要保证。县委书记要管好全局，必须做到加强党的领导、服务中心大局、统揽工作全局。

一是要加强党的领导。习近平总书记强调指出："我们党是执政党，对经济、政治、文化和社会生活各方面实施全面领导。《党章》明确要求：'党必须按照总揽全局、协调各方的原则，在同级各种组织中发挥领导核心作用。'总揽全局、协调各方，这是新形势下实现党的正确领导的重要原则，是提高党的指正能力的基本要求，是形成工作合力的体制保证。"[①] 县委书记不但要政治坚定，思想先进，而且要有崇高的理想，坚定的信念，用正确的方针、政策去引导一班人及全县人民为实现党的政治目标而努力奋斗。县委书记的政治责任，就是要坚持党的领导。第一，坚持什么？倡导什么？反对什么？禁止什么？要旗帜鲜明，立场坚定，敢于同一切错误倾向做斗争。要注意引导班子和班子成员从政治上观察形势，思考问题，

① 习近平，《干在实处 走在前列》，中共中央党校出版社，2006 年 12 月第 1 版，第 401 页。

防止和排除各种错误思想的干扰，保持正确的发展方向。第二，要强化县委的领导核心作用。在地方同级各种组织中，县委是领导核心，各种组织必须自觉接受和服从党委的统一领导，围绕县委中心工作来安排部署各自的工作。县委书记要善于发挥县委的政治核心领导作用，提高县委凝集力、战斗力和执行力。第三，坚持党对整个县域内的政治领导，坚持政治原则的领导，贯彻执行“一个中心，两个基本点”不动摇；坚持政治方向的领导，贯彻执行中央制定的一系列政策、路线、方针；坚持重大决策的领导，提出县级发展的重大决策并执行落实。第四，按照《中国共产党地方委员会工作条例》规定：“书记必须履行抓党建第一责任人职责。”县委书记作为县级党组织的负责人，位置重要、责任重大，是一个地方的党建工作的领导者、组织者。抓基层打基础，使党建工作真正强起来，是县委书记的重要政治责任。真正把所管地方的每个领域、每个环节的党建工作都抓细致、抓深入、抓具体。管党治党，是党组织书记的核心职责。第五，作为县委书记，必须履行好一县之内的管党治党责任，把全面从严治党牢牢抓在手中，作为分内之事，切实履行好党的建设、党风廉政建设的第一责任人责任，特别要扎实推动“两个责任”的有效落实，督促班子同事履行好“一岗双责”，对领导干部从严要求、从严管理、从严监督，为一个地方的发展营造风清气正的政治生态。

二是要总揽工作全局。总揽全局工作，就是指县委书记对全县全局工作实施统领，既负有治党、管党责任，又负有抓好发展、民生、稳定、领导班子和干部队伍建设的责任；既要谋大局，又要抓大事、管宏观，还要抓小事、干实事、做杂事。县委书记必须对全县工作统揽全局，起到全县主心骨的作用，为全县发展确定工作基调、努力方向和实现途径。习近平总书记指出：作为县区一把手要进一步增强总揽全局的能力，善于立足一域谋全局，把握形势谋大事，“以登东山而小鲁”“登泰山而小天下”的气度和胸襟，“会当凌绝顶，一览众山小”，始终把全局作为观察和处理问题的出发点和落脚点，以全局利益为最高价值追求，以世界眼光去观察人事政治形势、把握经济走势、了解文化态势，用战略思维去观察当今时代、洞悉当代中国、谋划当前工作，切实把本地、本部门的工作放到国际国内大背景和全党全国全省的工作大局中去考虑、去思考、去把握，不断地提高工作的原则性、系统性、预见性和创造性。[①] 县委书记要做到总揽工作全局：第一，坚持发展。一个县的工作包括政治、经济、社会、文化、军事各个方面，涉及经济建设与发展、城市建设与管理、城乡统筹发展、社会治理、文化教育卫生、生态建设、党的建设等方面的工作。县委书记肩负着全县改革、发展与稳定的重任，要把发展作为第一要务，指明前进方向，确立发展重点，带领全县人民聚精会神搞建设，一心一意谋发展。第二，抢抓机遇。当前，我国经济发展进入新常态，认识新常态、适应新常态、引领新常态，对于进一步推动经济持续健康发展，协调推进“四个全面”战略布局，实现“两个一百年”奋斗目标和中华民族伟大复兴的中国梦，具有重大而深远的意义。县委书记要善于从全局出发，敏锐地把握大势、敏捷地付诸行动，积极对接国家政策，完善优化体制环境，着力改善发展环境，做到借船出海、借梯上楼、借鸡下蛋，在主动作为中抢占先机。第三，谋划全局。深入基层，调查研究，真正把一个县的优势、潜力、问题、机遇搞清楚、弄明白，找准发展的坐标点和起跑线，制定符合县情、富有特色的发展战略，整体规划长远打算，以此统一思想、凝聚力量、激发斗志。加强统筹兼顾，强化一盘棋的思想，全面推进经济建设、政治建设、文化建设、社会建设以及生态文明建设和党的建设，使各项工作相互协调、相互促进，防止顾此失彼、单打独干，防止“摁下葫芦浮起瓢，捡了芝麻

---

① 习近平，《干在实处　走在前列》，中共中央党校出版社，2006 年 12 月第 1 版，第 420 页。

丢西瓜”。第四，突出重点。习近平总书记指出：“我们既要注重总体谋划，又要注重牵住‘牛鼻子’。在任何工作中，我们既要讲两点论，又要讲重点论，没有主次，不加区别，眉毛胡子一把抓，是做不好工作的。”[①] 根据县域经济社会发展情况，确定发展重点，主次分明，突出重点。县委书记要抓住重点项目、重点产业、重点工程，以及突出的发展中出现的热点、难点，或者对全局具有重大影响和带动作用的大事。在抓的过程中一定要有一种咬定青山不放松、不达目的不罢休的劲头，踏石留印、抓铁有痕，久久为功、务求实效。

（三）带好班子

县级班子在全县的经济社会发展中起到领导作用。抓好县级班子自身建设是带好全县干部抓执行求落实的前提和基础。围绕县委的中心工作，县级各套班子要率先垂范，以身作则，各尽其责，相互配合，调动好、发挥好、保护好各方面的积极性和创造性，在全县上下努力形成目标一致、同心同德谋发展的强大合力。“火车跑得快，全靠车头带”。县委书记带好班子是领导执行的关键因素。县委书记作为全县领导执行的总指挥，要带领好常委班子、合作好党政班子、凝聚好四套班子，形成凝心聚力共谋发展的局面。

一是带领好常委班子。县委常委班子是党的领导核心，是县域实现重大决策和执行的核心。县委书记作为一班之长，运用好常委班子的集体力量，拥有管好班子、带好队伍的过硬本领。真正做好“班长”，而不是“家长”，做好县里的“一把手”，而不是“一霸手”。习近平总书记指出：“县委书记是一班之长，要带头执行民主集中制，不把‘班长’当成‘家长’。

---

① 《习近平在中共中央政治局第二十次集体学习时强调　坚持运用辩证唯物主义世界观方法论　提高解决我国改革发展基本问题本领》，新华网，2015-01-24。

要按照程序进行决策，特别是涉及资金、项目、用人等重大问题，要经过集体研究，不搞个人专权。要善于集中集体智慧，要胸怀宽广，能容人容事，要能够听取班子成员意见，在增进和维护班子团结方面发挥带头作用。”[①] 县委书记带领好常委班子，第一，要发扬民主。县委书记要带头发扬民主作风，善于营造让大家畅所欲言的宽松气氛，在重大决策中，广泛征求各常委意见，特别是反面意见，把集体的智慧充分挖掘出来，集中起来，寻求发展良策。不能凭借手中权力和个人地位压制党内民主，把个人凌驾于组织之上，搞个人说了算的“一言堂”。第二，要敢于授权、乐于授权、善于授权，注重调动每个人的积极性，教育引导班子成员既要立足本职干好工作，又要相互学习、相互信任、相互尊重、相互支持，做到好事不抢先、难事不推诿、工作不挑剔、失误不埋怨。第三，要善于补台。工作上加强协作，加强通气，工作上有矛盾要互相提醒，思想上有疙瘩要互相交心，大家取长补短，共同促进和提高，特别是分管领导遇到棘手的问题时，书记要帮助出主意，想办法，亲自指导和协调，重大问题提交集体讨论决定。第四，要相互信任。要重视抓好理论学习，引导班子成员加强党性修养和个人品格修养，正确处理个人利益与党的事业的关系，自觉维护班子的统一。在感情上相互沟通，相互理解，在行动上做到互相信任不猜疑，形成融洽和谐的氛围。当出现工作失误时，书记要勇于承担责任，千万不要一出问题或领导脸色一变就把责任推给其他人，这样就会使班子成员对你没有信赖感和安全感。

二是融洽好党政班子。党政“一把手”关系好坏，最能体现出县委书记的智慧与能力。党政主要领导虽然分工不同，但共同担负着富民强县的重要职责。习近平总书记强调指出：各级党委和政府的“一把手”，不是

---

① 习近平，《做焦裕禄式的县委书记》，中央文献出版社，2015 年，第 10—11 页。

简单的自然人，在很大程度上是党委和政府的人格化的代表，彼此之间的关系也不是简单的个人关系，更多的则是党政关系。因此正确地处理书记和市（县）长的关系，事关一个党委班子整体合理的发挥，事关一个地方经济社会发展的大局，事关一个地方千千万万人民群众的利益。各级党政“一把手”要进一步增强党性意识，加强个人修养，以高度的政治觉悟，更开阔的胸襟，更严格地律己，带头执行民主集中制，坚持“总揽全局，协调各方”的原则，恪守其职，协调互补，把加强党的政治领导、思想领导和组织领导的基本要求落到实处。作为党委书记，要总揽不包揽，学会“弹钢琴”，善于抓重点，充分发挥党委的领导核心作用，而不能事必躬亲，专权武断，干预政务。作为市（县）长，要到位而不越位，在党委班子中积极发挥作用，自觉接受党委的领导，注意维护书记的威信，着力抓好政府党组的建设，主动按照党委的决策和书记的意图开展政府工作，遇到重大问题及时向党委请示、报告。作为各级党政“一把手”，都要补台而不拆台，你落下的我主动捡起来，你不足的我主动补上去，同舟共济，齐心协力，共演一台“二人转”的好戏。① 县委书记要胸怀坦荡，主动担当融洽好党政班子的主角。第一，相互支持。在发展的大局下，县委书记既要大胆领导，又要把县长作为工作的搭档，把政府作为决策的实施中心，全力以赴支持政府开展工作。第二，相互沟通。对政府工作的各种困难，主动出面交流讨论，共同研究解决办法，让县长在政府工作中唱好主角；对工作中的分歧，要坚持以事业为重，勤沟通、多商量，相互理解，相互支持。第三，宽严相济。县委书记是一个县的掌舵人，但是重大决策、重大事项绝对不能自己一人自作主张，既要善于调动和听取县级领导班子成员的合作热忱与积极建言，凝聚集体智慧，又要及时给常委会成员以及其他

---

① 习近平，《干在实处　走在前列》，中央党校出版社，2006 年 12 月第 1 版，第 420—421 页。

成员压担子、交任务，层层传导压力与责任，尤其是既要尊重县长的职权与意见，又要要求与协调县长率领政府班子始终围绕县委决定做好具体工作的执行与落实。第四，相互学习。书记要多看县长的长处，并虚心向对方学习。县长也要首先正确认识到自己“第一副书记”的身份，积极支持配合好书记的工作，维护好书记的权威，共同形成合力，形成抓执行抓落实的凝聚力，促进县域经济社会又好又快地发展。

三是凝聚好四套班子。县域经济社会的发展离不开各方面力量的支持。县委是各大班子的领导核心，县委书记面要善于“弹钢琴”，协调好人大、政府、政协等几套班子的关系，充分发挥他们的作用，积极支持他们按照各自的职能独立自主地开展工作。要大力支持人大依法行使职权，加强对“一府两院”的监督；全力支持政府工作，不以党代政，干预政府工作；高度重视政协参政议政的职能作用，推进政治文明建设进程。努力做到“县委统揽全局，人大有效监督，政府依法行政，政协积极参与”，确保各套班子协调高效运转。县委书记凝聚好四套班子，必须做到：第一，讲团结。习近平总书记指出：团结是班子建设的重要问题，讲团结是讲政治、顾大局的表现。加强团结，“一把手”要负主要责任，应以身作则，严格要求，善于抓方向、议大事、管全局，善于团结各方面同志包括与不同意见的同志一道工作，善于充分调动班子成员的积极性、主动性和创造性，真正做到发扬民主，集思广益，科学决策，防止和克服独断专行、软弱涣散和各行其是。[①] 第二，讲民主。在讨论重大问题和重要人事安排时，要广泛听取意见，直接与人大、政府、政协主要领导通气，看法分歧较大时，不要匆忙做出决定。在工作上，全力支持几套班子创造性、开拓性的开展工作。涉及全县全局性的重大问题，在县委常委会议做出决定后，要通过对人大、

---

① 习近平，《之江新语》，《大事讲原则，小事讲风格》（2003 年 7 月 18 日），浙江人民出版社，2007 年版，第 8 页。

政府、政协三个党组的领导，形成“一个班子、三个党组、几个口”来推进工作思路落实的工作格局。第三，讲担当。当出现困难时，书记要理直气壮地站出来进行协调、解释和做好工作，推进工作的进展。要善于把党委一班人、几大家班子和各级领导干部的智慧集中起来，做到总揽不包揽、分工不分家、放手不撒手。[①] 要狠抓督促落实，形成以县委为核心，敲响齐心鼓，唱起同台戏，几套班子抓发展的局面。第四，善统筹。县委书记要处理好与县委常委成员的关系，当主帅不当偏将，当“好官”不当“好人”，拧成一股绳；要处理好与县长的关系，总揽不包揽，支持不干预，互信不猜疑，唱好“将相和”；要处理好县委与县人大、县政协的关系，切实尊重沟通，充分发挥作用，注意利益平衡，演好同台戏。

四是处理好上下左右。县委书记在带好班子的同时，还要统筹发挥好人大、政府、政协班子的作用，处理好与上级驻本地机构、企业及驻军的关系，以诚为先，解决问题不拖延，争取支持是关键，携手谋发展；处理好与前任的关系，总体继承思路，维护前任形象，致力创新发展，跑好接力赛；处理好与上级关系，要积极主动向上级党委政府及有关部门请示汇报工作，赢得上级对本县工作的支持。要经常深入下级部门检查指导工作，帮助下级解决前进中的困难，在上下级间努力营造沟通思想、联络感情、互相配合、相互支持的和谐环境；处理好外来干部与本籍干部的关系，促进异地交流干部与当地干部搞好团结，形成良好的合作共事关系，自觉地凝聚力量，共同为一个县的经济社会发展和改革开放献计出力。

（四）做好决策

领导工作重在决策，而决策又贵在正确。决策是领导者的首要职责，

① 习近平，《做焦裕禄式的县委书记》，中央文献出版社，2015 年版，第 11 页。

决策的科学与否，直接影响一个地区经济与社会事业的发展。作为既是决策者又是执行者的县委书记，一定要以对党和人民事业高度负责的态度，努力推进决策的科学化、民主化、创新化，不断提高决策的质量和水平。做好决策，就是指县委书记要善于做决策，为县域发展张准方向，找准路子。“我们不缺豪言壮语，也不缺运动式的东西，关键是看有没有找对路子，有没有锲而不舍干下去。”① 县委书记是县委决策的第一责任人，在决策中拥有最终“拍板权”、起把关定向的作用。县域的很多事情都需要县委书记来做决定。很多决策性的事情都需要县委书记来做决定，这表面上是给了县委书记很大的权力，但是同时也给了其很大的责任和压力，对于在决策中会遇到的问题，需要县委书记不断学习，同时利用已有的信息和自己的能力来做出正确的判断和决定，使县域能往好的方向发展。县委书记做好决策是领导执行的关键环节，做好决策是县委书记领导执行的前提条件。县委书记做好决策要做到以下几点：

一是解放思想。推动发展需要县委书记带头，解放思想也要县委书记带头。实践证明，一个地方县委书记思想解放，发展就快；反之，发展就会受到耽误。准确地认识和分析县情是实施科学决策的基础工作，而要做到这一点，解放思想是根本前提。作为县委书记，要切实提高决策水平，就必须做解放思想、转变观念的先行者，坚持“解放思想、实事求是”思想路线，正确认识和理解中央的政策和决策，借鉴其他地区的发展经验服务于自己的发展，把中央的政策、上级的要求与本地实际情况结合起来，做到科学决策，创造性地开展工作。要深入学习和掌握中国特色的社会主义理论，学习贯彻十八大和十八届三中、五中全会精神，并把学习理论同总结历史经验结合起来，同学习党的重大方针政策结合起来，同本县的实

① 习近平，《做焦裕禄式的县委书记》，中央文献出版社，2015 年版，第 24 页。

际情况结合起来，将理论转化为自己的思维，使自己的思想跟上改革发展形势的要求。“解放思想必须真正解决问题”。也就是说，解放思想不能空谈，关键要落实到具体的实际行动上。只有从实际出发，把中央精神与各地实际结合起来，在同步小康宏伟蓝图中去寻找各地的坐标和方位，才能使发展思路、目标、战略适应发展阶段，符合发展规律。

二是调查研究。不同的县制约和影响县域经济发展的因素也不同，这就要求县委书记在实施决策时，不能唯上，不能唯书，只能唯实。只有深入基层，调查研究，才能掌握实情。也只有掌握了一手材料，吃透了具体情况，才能因地制宜，理出切合实际的经济发展思路。要搞好调查研究，就必须执行群众路线，坚持“从群众中来，到群众中去”的工作方法，真正深入到田间地头、村舍农家和企业车间，与基层干部交朋友，与农民群众拉家常，倾听他们的呼声，反映他们的要求，掌握他们的思想脉搏。只有这样，才能听到真话，摸到实情，找准制约和阻碍县域经济发展的症结所在。在河北省阜平县考察扶贫开发时，习近平总书记阐述了县委书记工作中好的思路、好的路子的重要性。他认为必须坚持从实际出发，因地制宜，理清思路、完善规划、找准突破口，才能取得扶贫攻坚的胜利。贫困地区发展一定要真正发挥好自身比较优势，在自身有利条件基础上激发内生动力，因地制宜找到发展的路子和工作的突破口[①]。

三是民主决策。坚持决策的民主化、科学化，是提高决策水平的基本保证。县委书记决策要众谋善断。在决策过程中，要有强烈的民主意识和作风，充分尊重班子成员和干部群众意见，集思广益，权衡综合，择优而从，择善而为。在充分调查研究的基础上，通过召开联席会、扩大会、座谈会及个别交谈等形式，广泛征询人大、政府、政协等领导层及老同志的

① 习近平，《做焦裕禄式的县委书记》，中央文献出版社，2015年版，第17页。

意见，集思广益，真正把决策建立在广泛发扬民主的基础之上，使之达到“瓜熟蒂落”“一朝分娩”的效果。为了使决策更加严谨周密，更加科学完善，仅靠个人智慧和班子力量是不够的，还需要借助“外脑”，发挥专家、学者的智囊作用。

四是创新决策。决策是在不断变化的内、外部环境条件下，为变革现状和开创未来，树立新目标和采用新方法与措施的活动，其实质是一种创造性的活动。县委书记要掌握创新决策的思维和能力，促进县域发展取得新的突破。创新决策要掌握好“三情”。所谓“三情”就是指“上情”“下情”和“外情”。“上情”指的是中央的大政方针和上级党委的指示精神；“下情”指的是本地区的政治、经济、文化、历史、地理、社会等基本情况和民风、民情、民意；“外情”指的是国内外宏观经济大环境、大背景和市场新动态、新信息。如何把中央精神与当地具体实际有效地结合起来，并借鉴外地先进经验，创造性地制定和实施正确的决策。在谋划县域经济发展思路和制定战略决策时，必须进行全方位、多维度、开放性的思考，必须具有战略眼光和世界眼光，置身于全国乃至全球经济发展格局中去考虑，高起步，顺乎于时。唯有如此，才不会使县域发展的思路与决策落后于时代，才能使县域发展不走弯路，实现跨越发展。

五是执行决策。科学决策是领导者主观思想在一定范围内对客观世界及其规律的正确反映。所以，一方面，要及时施策。决策做出之后，就要积极付诸实施，指导实践，迅速转化为广大干群的自觉行动，不可束之高阁，犹豫不前。否则，将会失去经济发展的良机。另一方面，要实时修策。客观世界是不断发展的，实践是不断发展的，在实施决策的过程中，无疑会出现许多新情况、新问题，因此，科学的决策不是一成不变的，还需要在实践中接受检验，在实践中不断丰富和完善。另外，要务实待策。领导干部，尤其是县委书记，坚持实事求是的态度，对决策执行中出现的问题，包括工作失误，绝不能因为怕丢面子或影响政绩而遮掩压盖，更不能为了标新立异显政绩而随意摒弃前任领导班子理出的好思路，使决策实施失去连续性。凡属决策失误的，要总结教训，重新做出正确决策；属于执行不力的要及时指导纠正。只有这样，才能谈得上办实事、求实效，勤政为民，才能有益于我们的事业。

（五）用好干部

"为政之道，贵在用人"。县委书记处于县级领导班子的核心地位，集财权、事权、人权于一身，尤其用人权更为重要。用好干部，是县委书记领导执行的关键之举。干部队伍建设，关系到县委的科学决策是否能实现，关系到县域经济社会发展是能否得到提高，人民群众的生活水平是否能够得到提升。抓班子带队伍是县委书记的首要职责。县委书记在选人用人上处于关键地位，必须要有爱才之心，识才之眼，容才之量，举才之德，严格按照干部选拔任用工作的规定和程序培养、选拔使用干部。

一要树导向。选好用好干部是保持干部队伍战斗力的重要条件。选好用好一个干部，就能调动一大批干部的积极性；选错用错一个干部，就会贻误工作，挫伤一大批干部的积极性。要根据班子成员的年龄、性别、知识结构进行合理的分工，按照"信念坚定、为民服务、勤政务实、敢于担当、清正廉洁"的标准和"三严三实""忠诚干净担当""四有"等要求有机整合，坚持五湖四海、任人唯贤，德才兼备、以德为先，注重实绩、群众公认；坚持关心关注基层干部，把基层工作经历作为选拔干部的重要条件，重视关怀长期扎根基层、埋头实干的干部，运用科学有效的选人用人机制，建设一支高素质的、适合县域特点的、执行力强的干部队伍，把党的路线方针政策落到实处。做到不让扎实苦干的人吃亏，不让老实创业的人吃亏，不让坚持原则的人吃亏，不让清正廉洁的人吃亏。

二是立规矩。“没有规矩，不成方圆”。县委书记要带头立规矩，带头守规矩。县委书记在选人用人时，不能凭个人好恶、关系亲疏，而要从县域事业发展的全局来考虑干部的人选。在选人用人的过程中，要紧紧围绕县域工作中心，服务县域工作大局，凭着对党和人民事业高度负责的态度选好干部。县委书记在选用好干部的过程中须严把“四关”。一要严把标准关。要求选用之人政治立场坚定，政治态度端正，政治纪律严守。敢于坚持原则，敢于负责，勇于担当，敢于吃苦，乐于吃亏，道德品行、作风修养突出，经得起实践、人民、历史的共同检验。二要严把程序关。要求广泛听取群众意见，由班子集体讨论决定，不允许“一言堂”或私相授受。选用之人情况要“实”，必须从严规范把好程序关，要拧紧选用的“水龙头”，堵住“跑冒滴漏”。三要严把纪律关。心有所畏，行有所止。实践是检验的唯一标准，选人用人应做到任人唯贤，不准任人唯亲、营私舞弊，不准弄虚作假。牢记选人用人的“高压线”，必须严格执行，以严格的纪律约束保证选人用人的风清气正。四要严把监督关。选人用人需完善监督制度，强化监督措施，常吹清廉清正风。要加强选人用人的全程监督，让选用工作在阳光下运行。要完善群众和社会舆论监督，努力营造公道正派、公平公正的选人用人环境。

三是建制度。县域社会是熟人社会，县委书记在选人用人时，会遇到方方面面的关系干扰，为了确保选人用人的公平公正性，只有通过制度来保证。毛泽东曾说过：“我们共产党的章法，决不能像蒋介石他们那样搞裙带关系，一个人当了官，沾亲带故的人都可以升官发财。如果那样下去，就会脱离群众，就会和蒋介石一样早晚要下台。”习近平总书记指出，要着力健全选人、用人、管人制度。必须高度重视选人用人的制度建设，建立能上能下、竞争择优、有效激励、严格监督的选人用人机制。要把干部的升降、进退、选拔、考核、奖惩等以制度形式确定下来，建立和完善选拔干部的科学机制，坚持选拔程序公开、公正、公平。实现干部管理的民主化、科学化、法制化。“知屋漏者在宇下，知政失者在草野。”我们要扩大并认真落实人民群众在干部选任工作中的知情权、参与权、选择权、监督权。让干部群众“心中有数”，最大限度保障干部群众的知情权、参与权、选择权和监督权。要进一步坚持和完善民主推荐、民主测评、民主评议干部的制度和办法，切实改进选举制度、改进候选人的提名方式，适当扩大差额选举的范围和比例。坚持并完善干部考察工作责任制、干部考察预告制、用人失误追究制度、领导干部向组织推荐干部责任制、干部任职公示制等制度。按照权责一致的原则，明确干部选拔任用工作中推荐、考察、决定等各个环节的责任主体和责任内容。认真贯彻落实中央《关于防治干部“带病提拔”的意见》。克服人为因素，加强制度建设与执行，为县委书记领导执行，实现县域经济社会又好又快发展，营造风清气正的政治生态环境。

（六）抓好落实

群众看一个领导干部，不光看其讲得如何好，更重要的是看其做得怎么样，提出要干的实事兑现了没有。决策的目的在于落实。抓落实，就是把决策付诸行动，进而取得长期效果的过程。抓落实就是要大力弘扬求真务实精神，大兴求真务实之风，注重实干兴业，实干兴县，不干半点马克思主义都没有。抓落实，是县委书记必备的素养，也是检验一切工作成效的标准。县委书记为官一任，只有干成实事，才能造福一方。习近平总书记告诫县委书记，当官要想干事，掌权必须担责，出力才能出彩，不能工作几年，还是“涛声依旧，全县发展面貌没有变化”①。他还要求县委书记

① 习近平，《做焦裕禄式的县委书记》，中央文献出版社，2015年版，第8页。

干事尽心尽责。工作部署定下来，就要善始善终、一抓到底，不能一阵风、走过场。他希望县委书记有“功成不必在我”之境界，发扬接力赛精神，一张蓝图干到底。一个县里，规划不能几年一变，蓝图也不能几年一画，那样肯定不能成就事业。反对“反正干不长”，走过场、一阵风的临时工思想。只要目标正确，方案和规划科学合理，符合民众愿望和要求，就要坚持不懈地干下去，久久为功、利在长远[①]。

一要抓住重点，落实好大事。县委书记要根据县域发展情况，分清主次，明确重点，着力在新型城镇化、新型工业化、信息化、精准扶贫、文化建设、旅游发展、社会治理、党的基层组织建设、对外开放等方面发力，推动信息化和工业化深度融合，工业化和城镇化良性互动，城镇化、工业化和精准扶贫等相互协调，切实解决好县域发展大事。县委书记在落实大事时，要有狠心和毅力，“要有钉钉子的精神，钉钉子往往不是一锤子就能钉好的，而是要一锤一锤接着敲，直到把钉子钉实钉牢，钉牢一颗再钉下一颗，不断钉下去，必然大有成效。如果东一榔头西一棒子，结果很可能是一颗钉子都钉不上、钉不牢”。[②]

二要抓住问题，落实好难事。县委书记要摒弃“新官不理旧账”的思想，有改革创新的勇气和胆量，坚持问题意识，迎着问题去，对着问题走，坚持用新举措应对新情况、用新办法解决新问题、用新点子解决新矛盾，着力攻克就业、入学、看病、环境治理、安全生产、征地拆迁、社会保障等难题。“紧紧抓住影响干群关系的突出热点问题、影响改革发展的突出障碍问题、影响社会和谐稳定的突出难点问题，梳辫子、拉单子、建台账、

① 习近平，《做焦裕禄式的县委书记》，中央文献出版社，2015 年版，第 8 页。

② 《习近平谈治国理政》，《发扬钉钉子的精神，一张好的蓝图一干到底》（2013 年 2 月 28 日），外文出版社，2014 年版，第 400 页。

列任务表，建流程图，签责任书，逐一整改、达标销号。”①

三要抓住民生，落实好急事。县委书记要树立正确的政绩观，转变做“父母官”的旧观念为新思想的“人本观”。牢记情为民所系，权为民所用，利为民所谋。要深入实际，深入基层，才能弄清群众在想什么、盼什么，要想群众之所想、急群众之所急，及时解决群众的衣食住行、信访诉求等急事和小事，让群众真切感受到我们在实打实地为他们做实事和做好事。始终把人民群众的利益放在首位，把群众的呼声作为第一信号，把群众的需要作为第一选择，把群众的满意作为第一目标，全心全意为人民谋利益。

---

① 习近平，《做焦裕禄式的县委书记》，中央文献出版社，2015 年版，第 56 页。

CHAPTER 13

第十三章

“全面从严治党”加强领导执行

政党是现代政治体系中重要的政治力量，作为政治性组织的政党对政治的运转、经济的发展、文化的繁荣和社会的和谐都发挥着其固有的政治性功效。政党功能就是政党在现实社会生活中所发挥的作用和所承担的社会角色。一般而言，当代政党承担着如下职能：利益代表、组织动员、价值导向、实现理想、制定政策、选育人才、组织政府、利益协调、发展稳定等。政党的职能受政党的性质、地位、组织结构、政治环境、政治传统的影响和制约。尽管新加坡和中国的国情存在差异，新加坡人民行动党和中国共产党也有很多不同之处，但是作为同样受儒家文化影响的国家，同样作为处于国家领导地位的政党，在坚持“全面从严治党”，坚强领导执行，带领全国人民科学决策，科学施策，保持全国经济长期增长、政治清廉稳定、社会和谐有序、人民安康幸福的职能方面有共同之处。虽然新加坡人民行动党不断完善的“全面从严治党”实践经验不是尽善尽美，也因国情不同，我们不可能照搬其经验，但是其在“全面从严治党”方面所体现出的与时俱进、改革创新、求真务实、追求实效的精神仍然给我们很多有益的启示和值得学习与借鉴的地方。新加坡和中国的发展经验共同表明：只有不断加强“全面从严治党建设”，执政党才能更好地领导全国人民去抓落实，抓执行，不断地满足“人民群众对美好生活的向往”。

一、新加坡人民行动党加强领导执行经验①

新加坡是东南亚一个资源贫乏的岛国，面积仅有714平方公里，常住人口也只有540多万，但是在人民行动党的领导下，新加坡从一个曾经的严重贪腐之地，变为如今连续16年全球廉洁排名前十，并在2010年跃居世界廉洁排名第一，并且成功地创造了在一党长期执政条件下的发展奇迹：经济增长、政治清廉、社会和谐、人民幸福的良好局面。新加坡人民行动党成立于1954年，1994年11月上台执政至今已经连续十几次赢得了大选的胜利，是世界上多党制国家中执政时间较长的政党之一。目前新加坡是亚洲乃至世界的航运中心，是世界上数一数二的最大的港口城市之一，也是世界上最富裕的国家之一。新加坡前总理李光耀曾指出，没有人民行动党，就没有现代化的新加坡。人民行动党之所以能够做到这一点，最关键的因素是其长期以来始终实行"全面从严治党"：加强人民行动党的思想建设、队伍建设、组织建设、作风建设、反腐倡廉建设和制度建设。新加坡与中国同处于儒家文化圈的影响下，其执政主体也与我们党较为相似，新加坡人民行动党的通过不断加强"全面从严治党"的实践，实现对全国经济社会发展和全体民众的领导执行，取得了令人瞩目的成绩，对我们有很多有益的启示和借鉴的意义。

（一）党的思想建设

新加坡人民行动党虽然有着几十年执政地位和执政经验，而且一直受到全国人民的爱戴和拥护，并且每次大选得票率都遥遥领先，但是始终牢记世界上没有永远的执政党，对党的前途仍然抱审慎的态度，时刻从严治

---

① 该节内容作者已发表在《领导科学》，2015年9月（中），第50—52页。

党的思想建设。一是加强党情危机教育。人民行动党时刻结合世情国情，通过对党所面临的困难和问题分析，激发了党员对当前形势进行深入思考，教育党员和群众要时刻提高警惕，居安思危，人民行动党今天的成功并不代表未来，未来充满了未知和挑战。如果人民行动党垮台，所有的附属组织都会垮掉，国内就会发生激战，国家就会出现混乱和倒退。新加坡前总理李光耀曾指出，人民行动党一旦没有像现在这样诚实有信、光明磊落；党员一旦背离为民服务的宗旨，只是自私地为自己的未来打算；党一旦变得无能，我们就会被淘汰和出局，而这一切都是我们活该。二是加强爱党爱国教育。人民行动党通过多种形式加深全体党员对人民行动党的了解和理解，培养党员对党和国家的真挚情感，知晓新加坡今天的成就来之不易，要求党员时刻保持“忠诚干净担当”的精神，同时极大地鼓舞新加坡国民要有奋斗精神，不断地增强人民行动党的凝聚力和党员的责任感、使命感。

（二）党的队伍建设

新加坡人民行动党实行非公开的党员身份制，党员分为预备党员、普通党员、预备干部党员和正式干部党员。新加坡人民行动党在发展党员队伍时，始终坚持“质量比数量更重要”的要求。一是严把党员入口关。人民行动党的入党门槛较高，新加坡全国党员不足 3 万，不到全国总人口的 1%。各阶层人物要想成为人民行动党党员，必须本人申请，同时有介绍人。党组织调查确认申请人没有犯罪记录和其他问题，经中央执委会投票通过才能成为预备党员。普通党员占绝大多数，主要负责联系群众。干部党员是人民行动党中的精英分子，担任一定的领导职务。两者唯一区别在于，只有干部党员在中央执行委员会党员大会中有投票权。大约 10% 的普通党员能够晋升为干部党员。一个党员至少经过两年努力，并对党做出特殊贡献，同时由一名中央委员推荐，再由中央执委会投票通过，才能取得干部预备党员的资格；经过进一步考验，才有可能成为正式干部党员。二是注重党员广泛性。人民行动党广泛从社会各阶层中吸纳新生力量，注重培养、使用治党治国的优秀人才，注意挑选和动员一些工运、法律、财务管理、房地产管理、医药界等专业人员作为每次大选新的候选人，不断扩大执政基础。三是注重党员年轻化。人民行动党努力吸引年轻人加入和认同人民行动党。建党之初就成立了“人民行动党青年团”，把 35 岁以下党员归入青年团，作为人民行动党党员的后备来源。

（三）党的组织建设

在新加坡不是依据某一相关法规规定由谁来执政，而是完全依靠人民手中的选票。人民行动党主要依靠处理好与人民群众的关系来维持自己政权合法性。所以人民行动党需要通过地方基层组织来宣扬它的理念和政策，密切与人民群众的联系，减少人民群众对人民行动党的误解，增加人民群众对人民行动党的选票支持。人民行动党通过坚强党的组织建设突出党中央的权威性和基层党支部的广泛性。一是加强对政治生活的掌控。人民行动党通过国会体制、政府体制牢牢控制政权，掌控政治生活。人民行动党最高领导层是中央执行委员会，设有主席、秘书长、副秘书长。共有 12 名委员，都是出任国会议员和内阁部长的党员，他们由每两年举行一次的干部党员大会选举产生。中央执委全权掌管党的一切事务。人民行动党在政府拥有绝对权力。政府总理和 15 个部的部长、政务部长、政务次长都是本党的议员，从而使人民行动党的理念能够顺利转化为政府的措施，实现政府行为的高效率。人民行动党政府还要求公务员系统对执政党及其目标保持忠诚，了解党的目标、工作重点和政策，并以极大的热忱去实现它们。二是大力加强基层党支部建设。人民行动党按选区建立支部，每个选区都有一个人民行动党的支部，大的选区建立分支部。支部的负责人一般都是国会议员。支部主要在群众大会及公共事务中起支持作用，在选举期间游说选民以及帮助选民解决个人问题。分支部的建立是为了促进范围较广地区党员之间的紧密联系。三是大力加强社会组织建设。人民行动党通过发展社会组织，从事社区服务事务，一切能吸引、服务居民的事他们都干。这类组织主要包括公民咨询委员会、群众联络所、俱乐部管理委员会、居民委员会、民防协商委员会社区发展理事会等。各个社会组织的主要领导也是人民行动党党员，因此社会组织为民服务，也就是人民行动党在为民服务。四是建立半官方社团组织。人民行动党还建立了一些半官方的社团组织，作为党的支撑点。例如人民协会，通过组织和促进群众积极参与社会、文化、教育、体育活动，把人民行动党的理念和主张转化为群众的具体行动。人民协会是一个法定机构，由党的秘书长任主席。协会还主管一个庞大的社区中心网络，成为人民行动党的得力帮手并将党的影响渗透到每家每户。

（四）党的作风建设

新加坡人民行动党从高层到议员都极为重视群众基础工作。他们认为，一个政党要长期执政，不能脱离群众，要始终坚持为人民服务的宗旨，从严治党的作风建设，始终坚持爱民、亲民、为民的务实作风。一是爱民。人民行动党的总部位于一座很不起眼的办公楼里，占地只有 300 平米，里面只有 12 名职员承担全部日常工作，周围是普通居民的祖屋。楼前没有岗哨与围墙，老百姓可以在楼前楼后随意行走，可以推开房门进入办公楼。由于人民行动党“不吃国家大锅饭”，遵守国际惯例，党的经费来源，主要是党员交纳的党费和民间的捐献，因此，党的经费开支非常节约。党的总部几次搬迁，多设在一些小店屋的楼上。人民行动党认为：党不是靠大厦排场来显示它的权力和地位，而是依靠人民的支持。如果行动党的总部拥有一座很高的大厦，就会给人民带来“高高在上”的感觉。人民行动党支部也一定是处在选区中最不堂皇、最不华丽的地方。二是亲民。每周一次的国会议员接待选区群众的活动，是人民行动党的所有议员必须遵守的一项制度，上至总理、部长，下至一般国会议员都不例外。一般是每周一次，每次一个晚上。一般来说，老百姓向议员反映的问题可大可小，小到手机话费、邻里不和、家庭矛盾等。议员一晚上要接见几十个群众，问题能够当场解决的当场解决，不能当场解决的，在打印好的专用信纸上签上自己的名字，将其传真给政府有关部门和机构，政府部门和机构则必须在一个星期内回复给当事人。并且，根据规定，国会议员必须在两年内遍访自己选区的选民。如果选民不在家，就留下一张印有英文、中文、马来文和印度文的短信。三是为民。人民行动党坚守“五民策略”：了解民情、参与民生、反映民意、争取民心、关怀民需，并采取了一系列行之有效的措施，将“五民策略”落到实处。另外，为了造福于民，人民行动党政府全面实施了“居者有其屋”计划，还制定了一系列援助社会弱势人群的计划。具体包括：公共援助计划，以帮助无法工作的公民；扶助金援助计划，以帮助低收入家庭孩子上学等，以便扩大党的影响力，提升党的形象。

（五）党的反腐倡廉建设

新加坡人民行动党的党徽是白底蓝圆和红色闪电。白底代表纯洁，强调的是廉洁。人民行动党的党服是白衣配白裤，它的寓意是警示着人民行动党必须和自己的白衣白裤一样纯洁廉洁。人民行动党在执政后将党内廉政建设与政府的廉政建设有机结合，将反腐倡廉落在实处。一是坚持依法反腐倡廉建设。《防贪污法》《没收贪污所得利益法》是新加坡两部最重要的打击贪污腐败的法律。另外，《公务员指导手册》也对预防和惩治腐败行为做出详细规定。这些法律法规内容丰富，具体务实，相互配套，可操作性强，为反腐倡廉提供了充分的法律依据和保障。比如《公务员指导手册》对公务员的借钱、接受礼品和品德考核等做出了严格控制规定。对于借钱，他们规定：不得向下属或受职权管辖者及有公务往来者借钱，不得贷款收息。对初任人员须提供书面说明是否有债务困扰。向亲友借钱不得超过本人三个月工资的总和。如果一个官员所负债务超过自己的三个月工资总和，就要向所属部门的常任秘书报告。凡是弄虚作假的将受到严惩，甚至可以开除公职。《公务员指导手册》还明确规定：公务员每天必须写工作日记，记录本人的各项活动，主管单位的常任秘书定期检查其记录内容，发现问题立即送贪污调查局核实。另外对于接受礼品也有严格的规定：不得接受公众人士任何礼物、钱财或其他利益，如免费娱乐旅行等；特殊情况，如无法拒绝，可暂时收下，过后再向上面报告，并将礼品上交。二是赋予反腐机构足够权威。《防止贪污法》赋予新加坡贪污调查局享有特别侦查权、无证搜查与强行搜查、对财产的查封扣押、检查复制银行账户、要求有关人员提供犯罪证据、要求嫌疑人申报财产、无证逮捕以及限制转移财产等特殊权利。此外，贪污调查局还经常检查政府机关执行公务的程序、对容易发生腐败现象的部门人员进行定期轮换。三是要求高层领导以身作则。新加坡前总理李光耀认为：“没有一个国家的政治体制能免于腐败，最重要的是核心领导没有贪污腐败，贪污问题就能逐步解决。一个国家能否解决贪污问题，关键往往在于这个国家的领导人本身是否有决心以身作则。”人民行动党不搞个人崇拜和特权，从不张挂党和政府领导人的画像、照片或竖立领导人的雕像。部长和官员在进行日常活动时，都没有公家的专车接送，他们的汽车没有挂上特别号码。四是重视公务员财产申报。新加坡有专门的《财产申报法》。只要是法律规定意义上的公务员，都必须按照规定程序依法进行财产申报。申报范围包括公务员个人的动产、不动产、银行存款及股票证券等。已婚工作人员还必须将其配偶等共同生活的家庭成员财产予以申报。新加坡法律规定，对有贪污、受贿等违法行为的公务员，一律全部撤销其公积金，使其晚年生活难有保障。

（六）党的制度建设

新加坡人民行动党通过在党内建立严密的组织制度和纪律规范以约束党员的行为，来维护党的先进性、纯洁性和统一性，保障党的长期执政地位。一是建立严格的《新加坡人民行动党章程》。该章程是人民行动党的行动指南，对入党资格、党员基本条件、党员标准、党员的义务和权利、入党手续、党的纪律和处分等内容都有严格、明确的规定。人民行动党党章关于党内纪律的规定主要包含两部分内容：一般的纪律规定和有关纪律检查或监督机关权力和责任的规定。在怎样的情况下党员涉嫌违纪、违纪党员究竟如何处分、处分的执行程序、纪律委员会的设立和运行规范等，在党章内都有全面和精准的界定。二是建立严格的公务员管理制度。由于新加坡的政府工作人员基本都是行动党党员，因此对政府工作人员的监督管理，很大程度上等同于对党员的监督管理。对公务员的选聘、培养、晋升以及考核、奖惩等，都有完整、具体、实用的管理体制和相关法律制度，主要包括《公务员法》《公务员行为准则》《公务员纪律条例》《政治捐款法令》《财产申报法》等。特别是被奉为公务员"圣经"的《公务员指导手册》，手册中除包括有关法规和行政管理规范外，对公务员仪容仪表、行为举止各方面都有详尽、明确的纪律规定，这些规定从大处着眼小处着手，使所有的公务员清楚地知道自己应当做什么，不能做什么。三是建立严肃的反腐倡廉制度体系。如内容翔实、规定细致的《财产申报法》《防贪污法》《没收贪污所得利益法》等。

二、中国共产党加强领导执行的现实举措

习近平总书记指出，中国共产党是中国特色社会主义事业的领导核心，所以必须加强和改善党的领导，充分发挥党“总揽全局、协调各方”的领导核心作用。当前，我国正处于“十三五”规划启动阶段，全面建成小康社会的宏伟蓝图进入到决胜阶段，统筹推进“政治建设、文化建设、经济建设、社会建设、生态建设”的“五位一体”的总体布局，协调推进“全面建成小康社会，全面深化改革，全面依法治国，全面从严治党”的战略布局，全面贯彻落实“创新、协调、绿色、开放、共享”的“五大新发展理念”，都离不开中国共产党领导核心的地位和作用。这是当代中国共产党人的大思维、大战略、大格局、大智慧，从而为我国经济社会的平衡、包容和可持续发展提供坚实的支撑。

办好中国的事情，关键在党。中国共产党是中国特色社会主义事业发展的领导者和执行者。党的建设，是中国共产党领导中国革命、建设和改革的重要法宝。党的建设成效直接决定中国特色社会主义事业的成败。十八大报告指出：新形势下，党面临的执政考验、改革开放考验、市场经济考验、外部环境考验是长期的、复杂的、严峻的，精神懈怠危险、能力不足危险、脱离群众危险、消极腐败危险更加尖锐地摆在全党面前。习近平总书记强调“党要管党，才能管好党；从严治党，才能治好党。”“如果管党不力、治党不严，人民群众反映强烈的党内突出问题得不到解决，那我们党迟早会失去执政资格，不可避免被历史淘汰。”自中国共产党成立以来，无论在中国革命、建设，还是改革年代，我们党始终加强党的思想建设、组织建设、作风建设、反腐倡廉建设和制度建设。然而，当前在党的建设中还存在一些突出问题，严重影响党在中国特色社会主义事业中的领导力和执行力。

在思想建设方面：一是信心不足。部分党员领导干部信心不足，拜金主义、享乐主义、极端个人主义等资本主义腐朽思想和封建主义残余思想还一定程度地存在着，并侵蚀和影响着部分党员干部的思想。在错误思想观念的影响下，部分党员干部对中国特色社会主义道路、理论、制度、文化丧失信心。二是信念动摇。精神上"缺钙"，得"软骨病"，面对复杂的国际国内形势，对共产主义理想和中国特色社会主义信念发生动摇，对全面建成小康社会存在疑问。三是信仰迷茫。部分党员领导干部对马克思主义理论缺乏系统的学习和深刻的理解，对马克思主义的基本观点、基本理论、基本方法常常出现误解，再加上一些错误的思想观念和价值观的冲击和影响，使他们对马克思主义信仰产生了困惑和动摇，甚至出现了不信马列信鬼神的荒唐现象，在党和群众中造成了恶劣的影响。

在组织建设方面：一是干部选拔任用管理还存在着不科学、不民主的地方，选人用人上存在不正之风，干部管理上存在失之于宽、失之于软的倾向等。二是党的基层组织建设有待加强，党员队伍素质偏低，后备力量不足，对党员放松教育和管理；组织建设软弱涣散，缺乏凝聚力、号召力、战斗力等。三是党内民主建设有待提高，党的集体领导制度有待进一步健全和完善，党的决策的科学化民主化水平还有待提升，民主集中制的贯彻落实还有比较大的差距，党务公开不够等。

在作风建设方面：一是纠而不止。形式主义、官僚主义、享乐主义和奢靡之风有所收敛，但树倒根存，随时有"死灰复燃"之势；党的作风关系到党的形象，关系到人心向背，关系到党的生死存亡。二是监督管理难。作风情况的隐蔽性特点加大了监督管理工作的难度；相关制度形同虚设缺乏应有的执行力；部分党员干部对监督管理工作有抵触情绪，千方百计逃避监督；现行的监督管理手段和技术落后等，造成作风建设监督管理工作薄弱等。

在反腐倡廉建设方面：一是形势依然严峻。虽然我们党对惩治腐败保持高压态势，但腐败现象仍处于高发期，并有进一步蔓延的趋势。二是思想认识不足。虽然反腐倡廉工作年年讲，但“讲起来重要，做起来次要，忙起来不要”的现象依然存在；少数领导干部有特权思想，自觉接受监督的意识不强；一般干部对领导干部监督的认识不到位，存在不愿监督、不敢监督和不会监督的问题等。三是制度建设不到位。在实现不敢腐、不能腐、不想腐的制度建设上有待进一步加强；对执行制度情况的督查跟不上，对违反制度规定的人和事追究不力，制度执行效果不理想等。

在制度建设方面：一是制度陈旧问题。一些党内法规建设滞后于社会发展的需要。二是制度衔接问题。党内法规还没有同宪法法律实现有效衔接等。三是制度建设水平问题。中国共产党成立以来，特别是改革开放以来，党的制度建设速度很快，已经初步建立了一套比较完备的制度建设体系。但还存在水平不高，成效不高等问题。如有些制度与宪法、法律不一致甚至相抵触；有些制度交叉、重复甚至相互冲突；有些制度建设过分独立，缺乏应有的联系。四是制度执行不强问题。部分党员干部执行制度的自觉性不高、部分制度的针对性和可操作性不强、制度的执行缺乏强制性和约束性、一定程度地存在着有的制度只是“贴在墙上、写在纸上、挂在嘴上”的现象等。

“打铁还需自身硬”。2013 年 6 月，习近平总书记在全国组织工作会议上指出：对我们这样一个拥有 8500 多万党员、在一个 13 亿人口大国长期执政的党，管党治党一刻也不能松懈。[①] 中共十八大以来，以习近平为核心的党中央统筹推进伟大事业与伟大工程，坚持一心一意谋发展、聚精会神抓党建，强调要把抓好党建作为最大的政绩。在“四个全面”的战略

① 习近平：《建设一支宏大高素质干部队伍》，《人民日报》，2013-06-30（01）。

部署中，“全面建成小康社会”是战略目标，“全面深化改革”是动力保障，“全面依法治国”是法制保障，“全面从严治党”是政治保障，这是第一次将全面从严治党作为一项战略举措，纳入执政党治国理政的战略布局中。“全面从严治党”是习近平总书记科学分析党的建设面临的新情况、新问题提出的管党治党新思路，是全面推进党的建设新的伟大工程的重要指导思想，是全力打造具有铁一般信仰、铁一般信念、铁一般纪律、铁一般担当的过硬领导执行队伍的重要举措，也是提高和加强我党对中国特色社会主义建设事业领导和执行的关键之举。

（一）党的思想建设

思想建党是党建之源。思想建党是我们党的建设的一个特点和优良传统。“思想上松一寸土，行动上就会散一尺[①]。”坚定党员领导干部的理想信念是全面从严治党的首要任务。习近平总书记对理想信念的重要性做了形象的阐述：“对广大党员干部来讲，思想认识好比‘总开关’，如果思想上存在问题了，好比‘总开关’没有拧紧，导致我们党员干部不能正确处理公私关系，缺乏正确的权力观、事业观和义利观，出现各种出轨越界、‘跑冒滴漏’的现象。”[②]为此，推进全面从严治党，首先从根本上要解决党员领导干部思想滑坡的问题。

一是增强四个自信。习近平总书记在庆祝中国共产党成立 95 周年大会上的重要讲话，回顾了党的光辉历程、阐述了党的历史贡献，指出“坚持不忘初心、继续前进，就要坚持中国特色社会主义道路自信、理论自信、制度自信、文化自信，坚持党的基本路线不动摇，不断把中国特色社会主

① 习近平：《在党的群众路线教育实践活动总结大会上的讲话》，《人民日报》，2014-10-9。

② 《历史使命越光荣奋斗目标越宏伟越要增强忧患意识越要从严治党》，《人民日报》，2014-10-09。

义伟大事业推向前进”。每个党员、领导、干部都要认真学习中国近代以来的历史，学习党史、中华人民共和国史、改革开放史，进一步坚定中国特色社会主义道路自信、理论自信、制度自信、文化自信。不忘初心、继续前进，更加奋发有为地履职尽责、真抓实干，为中国特色社会主义事业做出贡献。

二是树牢理想信念。理想信念是人类精神生活的一种内在需求和巨大精神能量，是世界观、人生观、价值观在奋斗目标上的集中反映。党的十八大以来，习近平总书记先后就理想信念教育提出了一系列新思想、新观点、新论断，强调了理想信念是共产党人精神之“钙”、是好干部的第一位标准、是练就“金刚不坏之身”的看家本领。崇高的理想信念，始终是共产党人保持先进性的精神动力。共产党员要坚持理想信念，坚定不移地为建设有中国特色的社会主义而奋斗。这无疑是对新时期共产党员的基本要求，也是衡量党员素质高低的根本标准。每个党员、领导、干部都必须始终树牢共产主义远大理想，坚定不移地走中国特色社会主义道路。必须始终坚持党的领导，对党绝对忠诚。要更加自觉地同以习近平同志为核心的党中央保持高度一致。要坚决维护中央权威，把中央的要求不折不扣地落到实处。必须始终牢记全心全意为人民服务的根本宗旨。坚持党的群众路线，保持同人民群众的血肉联系，切实把群众工作做实做好，真正做到心中有民、执政为民。必须始终坚持求真务实，真抓实干，敢于担当的工作作风，抓好每项工作的落实和执行。

三是坚定政治信仰。政治信仰上的坚定，是思想上高度统一、成熟稳健的基本前提，是行动上步调一致、锐意进取的重要保证。哲学家萨特曾经说过：“世界上有两样东西是亘古不变的，一是高悬在我们头顶上的日月星辰，二是深藏在每个人心底的高贵信仰。”坚定对马克思主义的政治信仰，是共产党人认识世界和改造世界的精神支柱。马克思主义是党领导革命、建设和改革战无不胜的精神武器。我们党之所以能够从建党之初几十人的党，发展到今天拥有 8779 万多名党员、执掌 13 亿人口的国家政权并取得举世瞩目成就的党，关键就在于共产党人有共同的思想基础，即对马克思主义、共产主义的坚定信仰。正如邓小平所说，对马克思主义的信仰，是中国革命胜利的一种精神动力。党员干部要认真研读马列主义、毛泽东思想经典原著，尤其是要深入学习中国特色社会主义理论体系，用马克思主义中国化的最新成果武装头脑、指导实践。2013 年 12 月 3 日，习近平总书记在中央政治局就历史唯物主义基本原理和方法论进行集体学习时，特别强调要“原原本本学习和研读经典著作，努力把马克思主义哲学作为自己的看家本领”。因此，我们要努力学习马克思主义的基本理论，在学习理论的基础上更加坚定马克思主义的立场、方法和观点，并自觉在思想、政治、行动等方面坚持践行马克思主义，争取做到学而信、学而用、学而行。始终保持政治信仰不变、政治立场不移、政治方向不偏，面对复杂形势、艰巨任务和严峻考验，党员干部要对党忠诚、与党同心，站稳立场、保持定力。只有这样，才能成为一个集中统一的有机整体，形成强大的凝聚力和战斗力，才能肩负起领导全国各族人民建设中国特色社会主义的伟大使命，更好地贯彻落实全面建成小康社会的各项部署，推动党的事业蓬勃发展。

（二）党的队伍建设

队伍建设是实现组织目标的根本保证。我们党的伟大建设工程离不开干部队伍和党员队伍的建设。党的事业成败关键在队伍，关键看党员和党的干部，党员和党的干部的形象集中反映着党的形象。事业成败，关键在党，关键在党的领导干部队伍的能力素质。党要实现长久执政、永续发展，关键仍然在于建设一支政治坚定、能力过硬、作风优良、奋发有为的党的领导干部队伍，确保党的事业后继有人、薪火相传，这是实现执政目标、完成执政使命、承载人民期望和重托的客观需要。

一是干部队伍建设。干部队伍是党的执政骨干，是推进党的事业的中坚力量。党的十八大报告提出：“坚持和发展中国特色社会主义，关键在于建设一支政治坚定、能力过硬、作风优良、奋发有为的执政骨干队伍。”这一论断，既是我们党领导人民进行中国革命、建设和改革的经验总结，也是夺取中国特色社会主义新胜利对建设高素质干部队伍的总要求、总目标。如今，我们已进入转方式的关键期、发展的转型期和改革的深水区。我们党不仅担负着团结带领全国人民全面建成小康社会、推进社会主义现代化、实现中华民族伟大复兴的历史重任，而且面临着执政考验、改革开放考验、市场经济考验、外部环境考验四大考验，存在着精神懈怠的危险、能力不足的危险、脱离群众的危险、消极腐败的危险四大危险。复杂形势和繁重任务，对各级领导干部特别是党政主要领导的能力和素质提出了新的更高要求。“党要管党，首先是管好干部；从严治党，关键是从严治吏。”[①]

第一，在干部选拔任用上，2014 年中央印发《党政领导干部选拔任用工作条例》。坚持正确用人导向，按照德才兼备、以德为先，注重实绩、群众公认的原则，要从标准、程序和机制上，严把干部选用的“入口关”，要按照“信念坚定、为民服务、勤政务实、敢于担当、清正廉洁”[②]的标准，选拔党和人民需要的好干部，真正让想干事、能干事、会干事的干部脱颖而出。要通过严格选人用人程序，让好干部真正受尊重和受重用；要完善干部选拔任用工作机制，坚决纠正“以票取人”“以分取人”的做法；要遵循干部成长规律，多“墩墩苗”，使干部经过必要的台阶、递进式的历练而获得相应的晋升。

---

① 《十八大以来党的重要文献选编》（上），人民出版社，2014 年版，第 350 页。

② 《十八大以来党的重要文献选编》（上），人民出版社，2014 年版，第 337 页。

第二，在干部监督管理上，一要抓住重点对象："关键少数。"习近平总书记在参加十二届全国人大三次会议上海代表团审议时强调："从严治党，关键是要抓住领导干部这个'关键少数'，从严管好各级领导干部。从严管理干部，要坚持思想建党和制度治党紧密结合，既从思想教育上严起来，又从制度上严起来。"二要抓住重点内容：权力约束。在权力制约、公开和问责上对干部从严监督，合理分解权力，科学配置权力，强化权力制约，形成科学的权力结构和运行机制；强化权力公开，推行权力清单制度，让权力在阳光下运行；要健全责任分解、检查监督、倒查追究的完整链条，有错必究，有责必问。三要抓住重点环节：干部队伍建设全过程。从严管理干部贯彻落实到干部队伍建设全过程。对干部身上出现的苗头性、倾向性问题，要及时"咬咬"耳朵、扯扯袖子，早提醒、早纠正。四要抓住重点要求：讲规矩守纪律。"欲知平直，则必准绳；欲知方圆，则必规矩。"党的十八大以来，党中央重申党章、颁布八项规定，提出"三严三实""四个意识"，制定和完善各项规章制度，推动全党立规矩、讲规矩、守规矩，有力促进了党的各项事业健康发展。

第三，在干部教育培训上，2015 年，中共中央印发了《干部教育培训工作条例》，切实推进干部教育培训工作科学化、制度化、规范化，真正把培养造就高素质执政骨干队伍的任务落到实处。一方面，坚持把理论武装摆在首位，组织广大干部深入学习马克思列宁主义、毛泽东思想、中国特色社会主义理论体系，深入学习实践科学发展观，教育引导党员、干部矢志不渝为中国特色社会主义共同理想而奋斗。另一方面，要抓好党性教育这个核心，学习党的历史，深刻认识党的两个历史问题决议总结的经验教训，弘扬党的优良传统和作风，教育引导党员、干部牢固树立正确的世界观、权力观、事业观，坚定政治立场，明辨大是大非。

第四，还要抓好道德建设这个基础。针对群众对一些干部的道德方面反应比较强烈的问题，把道德建设摆在干部队伍建设更加突出的位置来抓，教育引导党员、干部模范践行社会主义荣辱观，讲党性、重品行、做表率，做社会主义道德的示范者、诚信风尚的引领者、公平正义的维护者，以实际行动彰显共产党人的人格力量。

二是党员队伍建设。习近平总书记指出，党要管党，才能管好党；从严治党，才能治好党。对我们这样一个拥有 8779 万多名党员、在一个 13 亿人口大国长期执政的党，管党治党一刻不能松懈。党员是党的肌体细胞。党的先进性和纯洁性要靠千千万万党员的先进性和纯洁性来体现，党的执政使命要靠千千万万党员卓有成效的工作来完成，党要管党、从严治党必须落实到党员队伍的管理中去。党组织要严格把关，把政治标准放在首位，确保政治合格。要重视从青年工人、农民、知识分子中发展党员。要严格党员日常教育和管理，使广大党员平常时候看得出来、关键时刻站得出来、危急关头豁得出来，充分发挥先锋模范作用。

第一，抓教育培训。以政治理论学习会、组织生活会、民主生活会为载体，带领党员学习新知识、新技术，通过丰富党员的学习活动，采取集中学习和自主学习相结合的方式，利用授课、座谈、参观等形式，因地制宜抓好党员学习教育。重点学习党的建设理论知识、政治经济法律知识、科技教育文化知识等，组织开展党员轮训活动，学习《中国共产党廉洁自律准则》《中国共产党纪律处分条例》等规章制度，强化党员的纪律意识和规矩意识，进一步增强贯彻落实上级决策和决定的思想自觉和行动自觉。教育引导广大党员强化党员意识、组织意识，牢记自己共产党员的第一身份、为党工作的第一职责，真正成为理想信念坚定、具有共产主义觉悟的先锋战士。努力提高基层党员的党性党纪观念、理想信念和思想政治素质，建立一支素质过硬、作风优良、技术精湛的党员队伍。习近平总书记指出：“我们党面临的形势越复杂、担负的任务越艰巨，这就更需要加强我们党的纪律建设，维护党的团结统一，确保全党统一意志、统一行动、步调一致前进”[①]。

第二，抓规范管理。坚持党员必须编入党的一个组织的制度。只有把党员编入党的一个支部、小组或其他特定组织，并在其中参加党的组织生活，接受党组织的教育、管理和党内外群众的监督，完成党组织交给的任务。坚持党员参加党的组织生活制度。党员参加所在支部的党员大会或党小组会，以及党员领导干部单独召开的党内民主生活会。党员在组织生活会上，应认真负责地向党组织汇报自己的思想和工作。坚持党员定期向党组织汇报思想和工作制度。这项制度是党员接受党组织教育和监督的一种方式，是党组织了解掌握党员思想和工作情况的一种途径，是我们党内生活的优良传统之一。坚持党日制度。党的组织和党员进行党的活动专门时间的规定。这一制度，对于活跃党内民主生活，增强党员党的观念，增进党的团结，加强和改善党的领导，充分发挥基层党组织的战斗堡垒作用和党员的先锋模范作用。坚持党员交纳党费制度。按期交纳党费，是党员必须具备的一个起码条件，是党员对党应尽的义务，是党员关心党的事业的具体表现。党员交纳党费，不仅仅是在经济上资助党，更重要的是可以增强党员的组织观念。坚持党员积分制管理制度。党内考核与群众评价相结合。建立以党员责任目标管理为基础、定性考核和定量考核相结合、党内考核与群众评价相结合的党员保持先进性考评制度。考评后党组织要将党员考核评价结果和收集的意见向党员反馈和征求本人意见。考核评价结果要与党员的奖惩、使用相挂钩。坚持民主评议党员制度。根据从严治党的方针，把党员教育、管理和监督融为一体，是加强党的建设的一项基本制度。坚持转移党员组织关系制度。党组织在党员变更工作单位或居住地点

① 习近平,《习近平谈治国理政》，外文出版社，2014 年版，第 386 页。

时，按照有关规定将其党员组织关系由一个单位或地区转移到另一个单位或地区。坚持党籍管理制度。党籍指的是党员资格，党籍管理是党员管理中一项十分重要的工作。申请入党的人被党组织批准后，就算取得了党籍，预备党员也有党籍。党组织对党员党籍的处理必须采取十分严肃和慎重的态度。坚持流动党员管理制度。加强和改进对流动党员的管理，使他们在流动中能够及时参加党的组织生活，接受党组织的教育、管理和监督，发挥先锋模范作用，这是党员管理的一个新课题，也是新形势下加强党的建设的一项十分紧迫的任务。

第三，抓后备队伍建设。牢牢把握加强党的执政能力建设、先进性和纯洁性建设这条主线，按照控制总量、优化结构、提高质量、发挥作用的总要求，不断提高发展党员和党员管理工作科学化水平，努力建设一支信念坚定、素质优良、规模适度、结构合理、纪律严明、作用突出的党员队伍，为实现“两个一百年”奋斗目标、实现中华民族伟大复兴的中国梦提供坚强组织保证。严格制度，规范程序，严把党员队伍“入口”关。按照政治素质较好、工作积极、组织纪律性较强且积极向党组织靠拢的标准，真正把那些思想好、作风正、能力强的同志吸纳到积极分子队伍中来，切实优化结构、提高素质、壮大队伍。做好对入党积极分子的培训工作，要让入党积极分子在入党前就了解党的性质、指导思想、宗旨、最高纲领和现阶段的任务，让他们知道作为一名党员有哪些义务和权利。严格履行党章规定的入党手续，不走过场、不程序化，切实做好对入党积极分子的党性教育。加强对预备党员的培养和考察，帮助他们进一步学习党的基本知识，加强党性修养。

（三）党的组织建设

习近平总书记指出：“从严治党，最根本的就是要使全党各级组织和全体党员、干部都按照党内政治生活准则和党的各项规定办事；切实做好抓基层打基础的工作，使每个基层党组织都成为坚强战斗堡垒。”[①]党的组织建设的主要内容包括：以保障党员民主权利为基础，以完善党的代表大会制度和党的委员会制度为重点，从改革体制机制入手，建立健全充分反映党员和党组织意愿的党内民主制度。按照集体领导、民主集中、个别酝酿、会议决定的原则，完善党委内部的议事和决策机制等。

一是党内民主建设。“党内民主是党的生命”。坚持党内民主建设应向着规范化、制度化、公开化、平等化的目标，加强民主观念教育，不断提高党员干部的民主意识；坚持和落实民主集中制，不断提高民主决策的水平；拓宽党内民主参与渠道，不断拓展党内民主的广度和深度；健全和完善党内民主制度机制建设，构建党内民主建设的长效机制等。十八大以加强党的执政能力建设、先进性和纯洁性建设为主线，对加强党内民主建设进行了创新性发展：提出“坚持民主集中制，健全党内民主制度体系”的重大任务；“保障党员主体地位，健全党员民主权利保障制度”；明确强调“提高工人、农民代表比例”，提出“试行乡镇党代会年会制”，进一步明确要求“实行党代会代表提案制”；提出“完善党内选举制度，规范差额提名、差额选举，形成充分体现选举人意志的程序和环境”“强化全委会决策和监督作用，完善常委会议事规则和决策程序”“完善地方党委讨论决定重大问题和任用重要干部票决制”，在重大事项上通过完善票决制，严格按照领导班子成员“一人一票”的方式进行民主表决；“完善党员定期评议基层党组织领导班子等制度，推行党员旁听基层党委会议、党代会代表列席同级党委有关会议等做法”等。

二是基层组织建设。“基础不牢，地动山摇”。治国安邦，重在基层；

---

① 习近平：《在党的群众路线教育实践活动总结大会上的讲话》，《人民日报》，2014-10-9。

管党治党，重在基础。习近平总书记指出，党的工作最坚实的力量支撑在基层，最突出的矛盾问题也在基层，必须把抓基层打基础作为长远之计和固本之举，努力使每个基层党组织都成为坚强战斗堡垒。基层党组织是党全部工作和战斗力的基础。党的路线方针政策要靠基层党组织贯彻落实到基层，上级党委的各项部署要通过基层党组织团结带领群众去完成，党和群众的血肉联系离不开基层党组织的桥梁纽带作用。

第一，要抓住重点，分类施策。在农村，加强党组织统一领导、健全村务监督机制、整顿软弱涣散基层党组织、发挥好村党组织带头人、发挥基层党组织在农村精准扶贫战斗堡垒作用。在国企，加强党对国有企业的领导，全面落实国有企业党建工作责任制，着力解决一些国有企业党建工作弱化、淡化、虚化，党组织地位作用边缘化等突出问题。要把加强党的领导和完善公司治理结构有机结合起来，坚持党的建设与国有企业改革同步谋划、党的组织及工作机构同步设置、党组织负责人及党务工作人员同步配备、党的工作同步开展，实现体制对接、机制对接、制度对接和工作对接。在高校，坚持党委领导下的校长负责制，牢牢把握社会主义办学方向，落实高校负责人“既当教育家，又当政治家”的要求，强化各级党组织抓党建工作的职责，强化院、系、所行政领导抓思想政治工作的职责，着力解决师生思想政治工作弱化、院系党组织功能不强、师生党支部组织生活不正常等突出问题，牢牢掌握党对高校工作的领导权、主导权。

第二，要抓住问题，创新施策。加强基层党建工作，还要着力破解新兴领域党建工作难题。从目前情况看，新经济组织、新社会组织的党建工作和流动党员管理，是基层党建工作的短板，也是最需要突破的难点。在新兴领域党组织建设方面，坚持体现原则要求和鼓励探索创新相结合，坚持有形覆盖和有效覆盖相结合，适应新形势新情况，大力推进基层党建工作理念、内容、方式的创新，大胆尝试、大胆实践，把基础工作做起来和基本的组织活动抓起来。在对于流动党员的教育管理，在摸清基本情况的基础上，突出抓好农民工和大中专毕业生这两个重点群体，健全流入地党组织管理为主、流出地党组织配合的双向共管机制，确保党员流动到哪里、党组织的管理服务就跟进到哪里。

第三，要抓住责任，创新机制。落实加强基层党建工作，各级党委要抓，组织部门要抓，各有关部门都要抓，推动形成统筹共建的工作格局。党委要加强统筹指导、完善政策措施，选优配强基层党组织带头人，推动各种资源向基层倾斜，为基层党组织开展工作、服务群众提供有力保障。组织部门要负起牵头抓总的职责，强化工作指导和督促落实，抓好各方面任务的组织协调。各行业系统主管部门要坚持业务工作和党建工作两手抓、两促进，做到管事就要管人、管思想、管作风。基层党组织要把注意力和着力点聚焦到抓好党建工作这个主业上来，绝不能荒了自己的“责任田”。[①]

（四）党的作风建设

党的作风关乎党的形象，关乎人心向背，关乎党和国家的生死存亡。以习近平同志为核心的党中央深刻总结党的作风建设经验，准确把握新形势下作风建设规律，把作风建设作为全面从严治党的突破口。习近平总书记告诫全党：“经济发展了，人民生活水平提高了，不等于党同人民的联系就更加密切了、必然密切了，有时候反而是疏远了。”“如果不坚决纠正不良风气，任其发展下去，就会像一座无形的墙把我们党和人民群众隔开，我们党就会失去根基、失去血脉、失去力量。”“作风建设必须抓常、抓细、抓长，持续努力、久久为功。”在改革开放和发展社会主义市场经济

---

① 关于基层党组织建设核心内容，参照刘云山在全国组织部长会议上的讲话（2016 年 1 月 15 日）。

的条件下，我们党脱离群众的危险比过去大大增加，必须下大气力解决脱离群众的问题，防止出现公权力失去公信力时的“塔西佗陷阱”现象。中央在作风建设方面采取了一些重要措施：一是开展党的群众路线教育实践活动，聚焦反对“四风”，即形式主义、官僚主义、享乐主义和奢靡之风，要求党员干部“照镜子、正衣冠、洗洗澡、治治病”，教育引导党员干部践行党的群众路线，弘扬党的优良作风，促进党群、干群关系进一步密切。二是作风建设以贯彻中央“八项规定”精神为切入口和动员令，从中央政治局做起，以上率下，上下联动，一个节点一个节点紧抓不放，许多过去难以解决的“老大难”的作风顽疾在短时间内明显改观，党风政风为之一新，党心民心为之一振。三是开展了“三严三实”专题教育，“三严”，即严以修身、严以用权、严以律己，所体现为严格、认真、谨慎。严以修身是“三严”的基础，修身是要求领导干部加强自身党性修养、坚定理想信念和道德修养，进而领导干部才能正确行使手中权力，真正做到严以用权、严以律己，始终站在人民群众的立场上，让权为民所用、利为民所谋、情为民所系。“三实”，即谋事要实、创业要实、做人要实，着重体现谋事、创业、做人都要以“实”为本，坚持实事求是。做人要实是“三实”的根本。只有做人为实，才能在谋事、创业上取得成就。“三严三实”是新时期党在作风建设方面所提出的新要求，是对党的作风建设思想的新发展。四是开展“两学一做”学习教育，进一步加强了新形势下党的作风建设。先后开展了党的群众路线教育实践活动、“三严三实”专题教育，对于解决党员干部特别是县处级以上领导干部存在的突出问题、推进全面从严治党起到了重要作用。部署“两学一做”学习教育，就是要推动党内教育从“关键少数”向广大党员拓展，从集中性教育向经常性教育延伸，坚定广大党员的马克思主义立场，保证全党始终在思想上、政治上、行动上同党中央保持高度一致，使我们党始终成为有理想、有信念的马克思主义政党。开展“两学一做”学习教育，要把全面从严治党落实到每个支部、每名党员。“两学一做”学习教育，基础在学，关键在做。要突出问题导向，学要带着问题学，做要针对问题改，把合格的标尺立起来，把做人做事的底线划出来，把党员的先锋形象树起来，用行动体现信仰信念的力量。通过“两学一做”学习教育，教育引导党员自觉按照党员标准规范言行，进一步坚定理想信念，提高党性觉悟；进一步增强政治意识、大局意识、核心意识、看齐意识，坚定正确政治方向；进一步树立清风正气，严守政治纪律政治规矩；进一步强化宗旨观念，勇于担当作为，在工作、学习和社会生活中起先锋模范作用，为党在思想上、政治上、行动上的团结统一夯实基础，为协调推进“四个全面”战略布局、贯彻落实五大发展理念提供坚强组织保证。

（五）党的反腐倡廉建设

腐败是社会的毒瘤，如果腐败在社会中持续蔓延，最终必然会亡党亡国。“党风廉政建设和反腐败斗争是全面从严治党的重要方面，是新形势下进行具有许多新的历史特点的伟大斗争的重要内容，是协调推进‘四个全面’战略布局的重要保证”。习近平总书记明确指出：“要深入抓好反腐倡廉工作，坚持有案必查、有腐必惩，任何人触犯了党纪国法都要依纪依法严肃查处，决不姑息，党内决不允许腐败分子有藏身之地。”

一是抓细节。中央从上至下，从具体的细节入手，强力推进反腐倡廉建设。如：中央政治局审议通过了中央政治局关于改进工作作风、密切联系群众的八项规定，专门从改进调查研究、精简会议活动、精简文件简报、规范出访活动、改进警卫工作、改进新闻报道、厉行节约等方面做出了明确规定，以执行中央八项规定精神为切入点，进一步改进工作作风，狠刹不正之风。又如：狠抓会员卡背后隐藏的“腐败问题”、折射出的作风建设的大问题。2013 年 5 月 27 日，全国纪检监察系统开展会员卡专项清退活动电视电话会议召开，要求严肃认真地开展会员卡清退活动，实现自我净化。中央纪委专门下发《关于在全国纪检监察系统开展会员卡专项清退活动的通知》，要求纪检监察系统在职干部职工自行清退所收受的各种名目的会员卡，做到“零持有、零报告”。再如：2013 年 10 月 31 日，中央纪委印发《关于严禁公款购买印制寄送贺年卡等物品的通知》，要求锲而不舍、驰而不息地反对形式主义和奢靡之风。从小处着眼、向实处发力，以实际行动执行中央八项规定，清退各种会员卡、严禁公款购买贺年卡等举措，受到了社会普遍关注，进一步巩固和扩大了作风建设的实际成果。

二是抓节点。中纪委官网转发《中国纪检监察报》文章称，据有关部门调查，70%—80% 的贪官有在节假日收礼受贿的记录。抓住重要的实践节点，狠刹不正之风，使反腐倡廉建设的针对性加强。长期以来不少单位和个人利用中秋、国庆、元旦、春节等中华民族传统节日使用公款购买、赠送节礼年货，既浪费了公共资源，改变了“节日”本色，又滋生了攀比心理，败坏了社会风气，人民群众对各类“节日病”反映十分强烈。另外，领导干部家里的“婚丧嫁娶”也是重要的腐败节点。以习近平同志为核心的党中央审时度势，坚持以重要节点为抓手，严查违反“八项规定”现象，狠刹系列不正之风。“抓了中秋节抓国庆节，抓了国庆节抓新年，抓了新年抓春节，抓了春节抓清明节、端午节，就这么抓下去，总会见效的，使之形成一种习惯、一种风气”。[①] 如：2013 年中秋国庆两节前，中央纪委和中央党的群众路线教育实践活动领导小组专门印发了《关于落实中央八项规定精神坚决刹住中秋国庆期间公款送礼等不正之风的通知》，严禁公款送月饼送节礼、公款吃喝、公款旅游和滥发津贴补贴等不正之风，收到了良好

① 中共中央纪律检查委员会、中共中央文献研究室编，《习近平关于党风廉政建设和反腐败斗争论述摘编》，中央文献出版社、中国方正出版社，2015 年版，第 77—78 页。

效果。

三是抓典型。以习近平同志为核心的中央领导集体深刻分析反腐败斗争的严峻复杂形势，以强烈的历史责任感、深沉的使命忧患感，冷静洞悉腐败这一致命政治风险的危害。习近平总书记多次强调要保持惩治腐败的高压态势，坚持“老虎”“苍蝇”一起打，既坚决查处大案要案，又着力解决发生在群众身边的腐败问题，切实维护人民合法权益。习近平总书记告诫全党：“中国历史上因为统治集团严重腐败导致人亡政息的例子比比皆是，当今世界上由于执政党腐化堕落、严重脱离群众导致失去政权的例子也不胜枚举啊。”[①] 新的中央领导集体坚持“老虎”“苍蝇”一起打，深入推进党风廉政建设和反腐败斗争，以“无禁区、全覆盖、零容忍”的鲜明立场和坚定意志，既查处了一批大案要案，又狠刹了不正之风，形成对腐败分子的高压态势，全面从严治党迈出新步伐。“要坚持‘老虎’‘苍蝇’一起打，既坚决查处领导干部违纪违法案件，又切实解决发生在群众身边的不正之风和腐败问题。”[②] 习近平总书记强调“要把从严管理干部贯彻落实到干部队伍建设全过程，坚持教育从严、管理从严、监督从严，让每一个干部都深刻懂得，当干部就必须付出更多艰辛、接受更严格的约束”[③]。

四是抓机制。十八大以来，在反腐倡廉建设方面，中央恢复和完善了一系列行之有效的反腐倡廉机制。如：巡视被形象地称为党内监督的“利剑”，是全面从严治党的有力举措。中国共产党巡视制度创建 20 多年来，对于约束公共权力有效运作、规范领导干部从政行为、增强党内监督实效发挥了积极作用。历届中央领导集体立足反腐败新形势新任务，创新党内

---

① 中共中央纪律检查委员会、中共中央文献研究室编，《习近平关于党风廉政建设和反腐败斗争论述摘编》，中央文献出版社、中国方正出版社，2015 年版，第 5 页。

② 《习近平十八大以来重要文献选编》（上），中央文献出版社，2014 年版，第 135 页。

③ 习近平：《在党的群众路线教育实践活动总结大会上的讲话》，《人民日报》，2014-10-9。

监督形式，深入开展巡视工作，已成为中国共产党推进反腐倡廉建设的生动实践和有益探索。党的十八大以来，以习近平同志为核心的党中央高度重视巡视工作，中央政治局常委会多次听取巡视情况汇报。2013 年 6 月，中央办公厅还转发了《中央纪委中央组织部关于进一步加强巡视工作的意见》和《中央巡视工作 2013—2017 年规划》，这有利于巡视工作规范化制度化建设，为下一步巡视工作的开展提供了有力遵循。习近平总书记指出，巡视“不是权宜之计，要用好巡视这把反腐‘利剑’”[①]。再如：加强中央纪委派驻机构建设，是严格执行党章的内在要求，是强化党内监督的有力举措。充分发挥派驻机构监督执纪问责的首要职责，不断创新党内监督形式，是中国共产党矢志不渝推进反腐倡廉建设的优良传统。加强中纪委派驻机构建设，聚焦党风廉政建设和反腐败斗争主业，强化监督执纪问责，是党的十八大以来，以习近平同志为核心的党中央着眼反腐倡廉建设全局做出的一项战略决策，这对于推进党的纪律检查体制改革、强化党内监督力量，完善权力运行监督体系具有重要意义。2014 年 12 月 11 日，中央政治局常委会议还审议通过了《关于加强中央纪委派驻机构建设的意见》，就派驻形式、工作职责、监督权限、工作关系、管理保障等做出明确规定，是指导派驻机构建设的纲领性文献。

五是抓制度。党的十八大以来，习近平总书记在多次讲话中，数次提到反腐倡廉建设，反复强调健全权力运行制约和监督体系，把权力关进制度的笼子里。健全权力运行制约和监督体系，让权力在阳光下运行，坚持标本兼治，惩防并举，注重预防，逐步形成不能腐、不易腐、不敢腐的长效机制。如：中共中央、国务院颁布的《党政机关厉行节约反对浪费条例》《党政机关国内公务接待管理规定》等法规堵塞了很多漏洞。又如：财政

① 中共中央纪律检查委员会、中共中央文献研究室，《习近平关于党风廉政建设和反腐败斗争论述摘编》，中央文献出版社、中国方正出版社，2015 年版，第 113—114 页。

部发布了《关于推进省以下预决算公开工作的通知》，中宣部等五部门联合发出《关于制止豪华铺张、提倡节俭办晚会的通知》，中央组织部印发《关于进一步做好领导干部报告个人有关事项工作的通知》。再如：党的十八届四中全会首次将“依法治国”作为中央全会的主题，通过了《中共中央关于全面推进依法治国若干重大问题的决定》。全会提出只有用法治思维和法治方式应对和解决腐败问题，才能从运动反腐到制度反腐，从不敢腐到不能腐。还如：2013 年 12 月，中央专门印发了《建立健全惩治和预防腐败体系二〇一三—二〇一七年工作规划》，2014 年 11 月，在 APEC 部长级会议上发布了《北京反腐败宣言》，加强亚太地区反腐败合作，携手打击跨境腐败行为。

（六）党的制度建设

制度建设是全面从严治党的根本，党的建设最终都会在党的制度上体现出来。十八大以来，全面从严治党在完善制度体系和提高执行监督力度方面取得了一系列成效。习近平总书记就全面从严治党在制度建设方面，提出了一些重要思想。要在严密性上下功夫，要把制度的笼子扎紧一点，严防“牛栏关猫”；要加强制度的顶层设计，做好制度的“废改立”工作，增强制度的协调性和整体性；要增强制度执行力，真正做到用制度管权、管事、管人；要坚持制度面前人人平等，不能使制度成为橡皮筋；还要加强思想教育，增强制度认同，“要使加强制度治党的过程成为加强思想建党的过程，也要使加强思想建党的过程成为加强制度治党的过程”。[①] 如：在《中国共产党廉洁从政准则》《中国共产党纪律处分条例》出台时，习近平总书记进一步强调“加强纪律建设是全面从严治党的治本之策”“遵

① 习近平：《在党的群众路线教育实践活动总结大会上的讲话》，《人民日报》2014-10-9。

守党的纪律是无条件的，要说到做到，有纪必执，有违必查，而不能合意的就执行，不合意的就不执行，不能把纪律作为一个软约束或是束之高阁的一纸空文"。又如：习近平总书记指出："要搞好配套衔接，做到彼此呼应，增强整体功能。要增强制度执行力，制度执行到人到事，坚决纠正有令不行、有禁不止的行为，使制度成为硬约束而不是橡皮筋。"[①] 再如："坚持制度面前人人平等、执行制度没有例外，不留'暗门'、不开'天窗'"[②]。党的十八大以来，以习近平同志为核心的新一届中央领导集体，紧紧围绕提高科学执政、民主执政、依法执政水平，深化党的建设制度改革，先后制定并颁布实施的党的制度建设成果有：《中央党内法规制定工作五年规划纲要（2013—2017）》《深化党的建设制度改革实施方案》《中国共产党廉洁自律准则》《中国共产党纪律处分条例》《关于改进地方党政领导班子和领导干部政绩考核工作的通知》《党政领导干部选拔任用工作条例》《关于完善竞争性选拔干部方式的指导意见》《关于建立健全地方党委、部门党组（党委）抓基层党建工作责任制的意见》《关于党的地方各级代表大会若干具体问题的暂行规定》《中国共产党地方委员会工作条例（试行）》《中国共产党党员权利保障条例》《关于实行党风廉政建设责任制的规定》《关于纪委协助党委组织协调反腐败工作的规定（试行）》《中国共产党党内监督条例（试行）》等。

2016 年 10 月 24 日至 27 日，中国共产党第十八届六中全会在北京胜利召开。这次会议将全面从严治党确定为主题，对全面从严治党作出战略部署，对反腐败体制建设提出明确要求。这是中共十八大以来，首

---

① 《历史使命越光荣奋斗目标越宏伟越要增强忧患意识越要从严治党》,《人民日报》, 2014-10-09。

② 习近平:《在党的群众路线教育实践活动总结大会上的讲话》,《人民日报》, 2014-10-09。

次以“党的建设”为主要议题而召开的中央全会。十八届六中全会将会成为全面从严治党新的丰碑，为从严治党提供新的遵循. 会议对加强党的建设、全面从严治党、营造风清气正的党内政治生态提出了全面要求并作出了明确的顶层设计和制度安排。这次会议审议通过的《关于新形势下党内政治生活的若干准则》《中国共产党党内监督条例》，进一步扎紧了制度笼子，标志着一个“不敢腐”的惩戒机制、“不能腐”的防范机制、“不易腐”的保障机制正在与时俱进地健全、完善。这也标志着我国反腐败斗争进一步从治标转向治本。为巩固中国共产党的执政地位、增强中国共产党的执政能力，为实现十八大确定的总任务、总布局、总目标，提供更加坚实的制度保障。

参考文献

1. 毛泽东,《毛泽东选集》第二卷，人民出版社，1991 年版。

2. 邓小平,《邓小平文选》第二卷，人民出版社，1994 年版。

3. 中共中央宣传部,《习近平总书记系列重要讲话读本》，学习出版社、人民出版社，2016 年版。

4. 习近平,《之江新语》，浙江人民出版社，2007 年版。

5. 习近平,《干在实处　走在前列》，中央文献出版社，2014 年版。

6. 拉里・博西迪、拉姆・查兰,《执行：如何完成任务的学问》，机械工业出版社，2003 年版。

7. 汪中求,《细节决定成败》，新华出版社，2004 年版。

8. 彭博,《引爆执行力》，中国经济出版社，2015 年版。

9. 张锡民,《卓越领导力与有效执行力》，中共中央党校出版社，2011 年版。

10. 龚银坤,《给力执行力》，机械工业出版社，2014 年版。

11. 何飞鹏,《赢在责任心，胜在执行力》，中国华侨出版社，2011 年版。

12.［德］克里斯托夫・兰多著，刘开君译,《德式执行力》，东方出版社，2012 年版。

13. 钱贵昱、耿启亮,《执行力引擎制度落地》，中国经济出版社，2010 年版。

14. 莫勇波,《政府执行力：理论思路与现实路径研究》，经济科学出版社，2013 年版。

15. 孙科柳、张余编著,《执行一定有方法　一流的执行创造一流的业绩（白金版）》，人民邮电出版社，2015 年版。

16. 余世维，《赢在执行》，京华出版社，2012 年版。

17. 张戴金，《执行必须到位》，中华工商联合出版社，2010 年版。

18. 孙科柳、石强，《企业管理关键细节系列：执行管理的 55 个关键细节》，中国电力出版社，2012 年版。

19. 刘天义，《如何高效执行》，人民邮电出版社，2011 年版。

20. 李小三，《领导思想方法要略》，中央文献出版社，2012 年版。

21. 李小三，《为政之本》，江西人民出版社，2010 年版。

22. 李小三，《与领导干部谈领导力》，人民出版社，2011 年版。

23. 李小三，《与领导干部谈领导要义》，中央文献出版社，2008 年版。

24. 全国干部培训教材编审指导委员会编写组，《领导力与领导艺术》，人民出版社、党建读物出版社，2105 年版。